ドンクが教える

フランスパン
世界のパン
本格製パン技術

増補版

旭屋出版

Contents

フランスパンの歴史

発酵パンはエジプト生まれ

パンの原料、小麦が最初に人間の手で栽培されたのは、紀元前８０００～７０００年頃、チグリス・ユーフラテス川流域一帯のメソポタミア地域。今から約1万年もの昔、そこでは小麦を粒のまま炒ったり、お粥にして食べていました。

それが紀元前６０００～４０００年頃になると粉にして水で溶き、薄くのばして焼くことを習得。この段階ではまだ無発酵の〝平たいケーキ〟ですが、それでも粥に比べて携帯や保存性にはるかに優れているこの姿が、まさに「パンの起源」。パンの歴史はここから始まります。

無発酵のパンが発酵パンへと進化した舞台は、紀元前３５００年頃の古代エジプトでした。ナイル川河口という肥沃なデルタ地帯を持つエジプトの民は、メソポタミアから伝えられた栽培法をもとに、広く小麦を栽培しました。食べ方もしばらくは粥食か、平たい無発酵パンかでした。が、あるとき、焼き忘れたパン生地に暑い気候が『発酵』を導き、人々は偶然にも、今日のパンの原形とも言える『発酵パン』のおいしさを知ったのです。

それからの発展は急速に進みました。紀元前２５００年には２００種類ものパンがあったと記録されていますし、パンはビールとともに役人の報酬に当てられたり、死者のために神殿や葬祭殿に供えられたり、と生活文化に深く密着した存在となっていったのです。

リッチなパンも作ったギリシャ

紀元前８００～４００年頃、発酵パンはギリシャに伝わりました。ギリシャ人はブドウの汁をもとに2種類の発酵種を自由に操り、小麦の他に大麦、栗、卵、牛乳、バター、チーズ、オリーヴ油、乾燥果実などを使って嗜好的なパンも作るようになりました。形も丸形、長方形、王冠形と様々。穀物の改良も進めるし、窯も改良。パン作りが専門的な職業として確立されたのもこの時代でした。

こうした「おいしいものの発展」を、当時力を持ち始めたローマ人（紀元前２７２年イタリア半島統一）がほうっておくはずはありません。さっそくギリシャから職人を連れてきて技術を広める一方で、農耕者たちは穀物の研究を始め、技術者たちは手動の石臼や、動物に引かせる石臼などを開発。さらにパン屋は組合を組織し、パン学校もできました。量産が可能になると、人々はそれまでの粥食からパンへと移行。同時に、パンは当時遠征を重ねたローマ軍にとってもまた、持ち運びと保存性のある食料として重要な存在となっていきました。ローマでのパンの発展は文化面だけでなく、国策面でもその必然性がうかがい知れます。

とりきめの多かったフランスのパン

ローマ帝国滅亡後も、パンはローマの宗教であったキリスト教の伝播とともにヨーロッパ各地に広まっていきました。しかしそれは教会、修道院、領主といった権力のもとに管理され、フランスでも６３０年のパンの販売に関する法律の記録に始まって8世紀にはパン屋の設置数、焼く日の限定、形の限定など数々の規制が定められるなど、パン職人と製パンに関するとりきめは、

大形のパン・ファンデュは評判がよかった。ミルクと一緒に買って帰る（18～19世紀）

年代を追うごとに細かく厳しくなっています。

9～10世紀にかけての飢饉や伝染病の繰り返しは、深刻な食料危機をもたらしました。が、11世紀の中ごろになって修道院では巡礼者にパンを供給し始めました。そのために修道院はたくさんの風車を備えて粉を挽き、大きな窯も持っていました。キリスト教の信仰によって、パンはまさに「神からの贈り物」とされたのです。

12世紀になって、パリ周辺では小麦の栽培が盛んになり、製粉所が増えるのに伴ってパン作りも広まってはいきましたが、多くは依然、貴族たちの管理下にありました。

当時作られていたのはローフ状のもので、特に大きな物は部屋代や兵隊の会食用にも使われていたといいます。また、特別小さな丸パン（ブールとい い、フランス語でパン職人の語源になっている）を作って12個単位で販売する職人も現われ、これが伝統的なbaker's dozen（1ダースのパン）となったのです。

この小さなパンをハーブと共に楽しんでいたのは都会の上流階級の人々で、農村では主に全粒粉か、小麦とライ麦を混ぜた大形のパンが主流でした。

農村ではパン作りは種の管理から焼成まで、主婦の仕事でした。何キロもあるような大きなローフに自分の印をつけ、村の共同窯で1～2週間に一度、家族分のパンを焼く。つまり、人々はほとんどいつも硬いパンを食べていたことになり、その食べ方がスープやワインに浸しながらだったということも、うなずける話です。

16～17世紀、街ではパン職人の数も生産数も増え、パン作りはプロの男性の仕事として特化されるようになりました。

生地を手で捏ねているところ（13世紀）

いなかのパン屋の風景。朝のひと仕事を終えてほっとひと息

フランスパンの近代化

18世紀は慢性的な食料不足という背景のもと、パンの価格は上がり、市民の怒りは頂点に達しました。１７７４年の小麦戦争、１７８９年のパン屋襲撃を経て、市民はついに製粉機やオーヴンを使うたびに領主にお金を支払う制度の廃止に成功。１７９３年のことでした。

この頃はまた、パン職人たちが量より質にこだわった時代でもありました。18世紀後半、科学は急速に発展し、農業、製粉技術、小麦粉の品質向上などに次々と研究費が注ぎ込まれ、１７８0年にはパリにパン学校もできました。製パンの技法も次第に軟らかいパン、軽い食感のパンへと向かい、ミキシングをより長く、発酵時間もさらにとるようになりました。

真ん中に割れ目の入った長いローフ状のパン（パン・ファンデュ）ができたのはまさにこのころ。とても評判がよかったといいます。

科学の発展を背景に、製法も変遷

19世紀初頭、ナポレオンは軍隊の士気にかかわるため、良質のパンの確保には必死でした。

当時は、製パン用イーストをオランダ（１７８０年）、ドイツ（１８２５年）と次々に製造・発売し始めた時代でもあります。しかし、フランスでは依然、ルヴァンを使うのが主流で、一部パリや大都市ではその補助として昔ながらのビール酵母や、これらの国から輸入したイーストを使う程度でした。

そんな時代であった１８３８年、ウィーンから連れてこられた6人のパン職人がルヴァンを一切使わないパンをパリで紹介し、これが大評判となりました。食感は軽く、上級粉も30～60％使用されていて、それは上品な味わいだったそうです。

このときの製法は、ポーランド生まれの技術だったためポーリッシュ法とよばれ、水種（当初はビール酵母）を使う方法でした。しかし、買う客から見ればパンはウィーンから来たパン。すなわち「パン・ヴィエノワ」と呼ばれ、一時代を築きました。

１８５７年にフランス人・パスツールが発酵の仕組みを解明したり、１８７２年にフランスにも初のイースト工場（スプランジェール社）ができたことなどから、次第に安定性や輸送性、保存性の優れたイーストの利用が増え、ポーリッシュ法もビール酵母からイースト利用へと変遷しつつ、よりいっそう広まりました。しかし、最終的には１８９０年頃に出現したディレクト法が次第に優勢になっていき、ポーリッ

19〜20世紀にかけて、こんな長いパンが登場。マルシャン・ド・ヴァン（酒場のパン）と呼ばれていた

シュ法は衰退していったのです。

こうした科学の発展の中で、農村でもパン作りは主婦からプロの手にゆだねられ、パンは買って帰るもの、という存在になっていきました。

また、パリの酒場でサンドウィッチ（カスクルート）を出すようになってからは、長さを競うかのように1メートルから2メートルといったパンが登場しています。この記録は20世紀初頭まで続き、もしこれに今日のようなクープが入っていたとしたら、これこそバゲットの元祖、と言えるかもしれません。

機械化と国際化が進んだ20世紀

20世紀に入ると、生活水準はますます向上し、それと相反するかのようにパンは食事の脇役に押しやられていきました。パン屋の競争も激しくなり、1日に何度も焼き上げたり、ルヴァンの酸味よりイーストによる香りや味が好まれるようになったりと消費者の嗜好も変わっていきました。しかし、フランス人のパンへの思い入れは特別なものがあり、化学的な添加物を加えることなど、産業的な発展に対する抵抗感が強かったため、技術の近代化は一時、停滞せざるを得ませんでした。

ただし、ミキサーだけは第一次世界大戦での男手不足から、１９２０年頃からあまねく普及。１９３５年頃にはモルダーも広まりました。

１９４０年、それまで最高級のグリュオー粉で作っていたバゲットやプティ・パンの製造が禁止されました。第二次世界大戦で食料事情が逼迫し、材料の品質にまでこだわっていられなくなったからです。

しかし、大戦が終結して１９５０年代になると、フランスは製パンにおいて急速な発展を遂げ、世界にフランスパンのおいしさを知らしめる道筋を作っていきました。技術の紹介だけでなく、機器の輸出も１９６５年ごろから本格化していきます。相手国は北ヨーロッパから世界、そして日本にもおよんだのです。

日本に本格フランスパンが来た日

日本には開国の初期にフランスパンの香りがわずかに漂って以来、本物のフランスパンはなかなか上陸しませんでした。

本格的な接点が生まれたのが１９５４年（昭和29年）のレイモン・カルヴェル氏の初来日の時。当時氏は41才。フランス国立製粉学校の教授で、日本にはフランスパンの紹介と技術指導を目的に来日。集まった日本の製パン技術者たちは、「本物」を前に、大いに感動したと記録があります。

氏の2回目の来日はそれから10年後の１９６４年(昭和39年)。東京オリンピックの年で、日本はこの間、飛躍的な発展を見せていました。そして翌１９６５年、東京・晴海で開かれた東京国際見本市にはフランスから小麦粉と機材が輸入されてフランスパンが毎日焼かれ、会期中は爆発的な人気を博します。期間終了後、その機材と、見本市のデモンストレーションのために来日していたフィリップ・ビゴ氏の両方を迎え入れたのが神戸のドンクでした。これが、実質的に日本に本格的なフランスパンが根付く第一歩となったのです。

その後、大阪万博、フランス料理ブーム、海外旅行の一般化と本物のフランスパンのおいしさを求める日本人は増えつづけ、その声に呼応するようにドンクは日本全国で「本格フランスパン」を作りつづけ、多くの影響を与えてきました。

本当の美味しさが国境を越えるのは理屈ではなく、作る人の情熱。その結集がいま、日本でひとつの形になっているのです。

（フランスにおけるパンの現代史、日本におけるカルヴェル氏及びドンクの歩みについての詳細は巻末に記す）

参考文献
「時代で見るフランスパン」（ユベール・シロン著）他

日本にフランスパンを伝えたレイモン・カルヴェル氏
（1987年大阪モバックショウの会場にて）

現代のブーランジュリー
（アルザス地方のＭＯＦ、リシャール・ドルフェール氏の店）

おいしいパン作りの基本材料

穀物

かつて、パンの始まりは小麦粉と水だけでした。いまもフランスでパンといえば、これに塩とイーストが入るだけのシンプルなものをさします。それほどに重要でありながら、わからないこともまた、多い小麦粉。ここでは、フランスパン作りの視点から小麦粉とライ麦に絞って話を進めます。

日本の小麦粉と、フランスの小麦粉

日本では小麦粉の種類は強力粉、準強力粉、中力粉、薄力粉と分けています。それぞれを用途で言うとパン用粉、フランスパン用粉、麺用粉、菓子用粉。

ところが、フランスの小麦で作られた粉をこれに当てはめようとすると、このどこにも属さなくなります。日本式のようにグルテンの量で分類すると薄力粉に近くなるからです。でも日本の薄力粉でフランスパンが作れるでしょうか。答えはノー。つまり大切なのはグルテンの量だけでなく、質もだということになってくるのです。

グルテンの質を判断する一つの目安として、ショパン社のアルベオグラフがあります。日本ではあまり一般的ではありませんが、おもにフランス産小麦の可塑性を見るには有効な測定法として、カルヴェル氏の著書でも紹介されています。

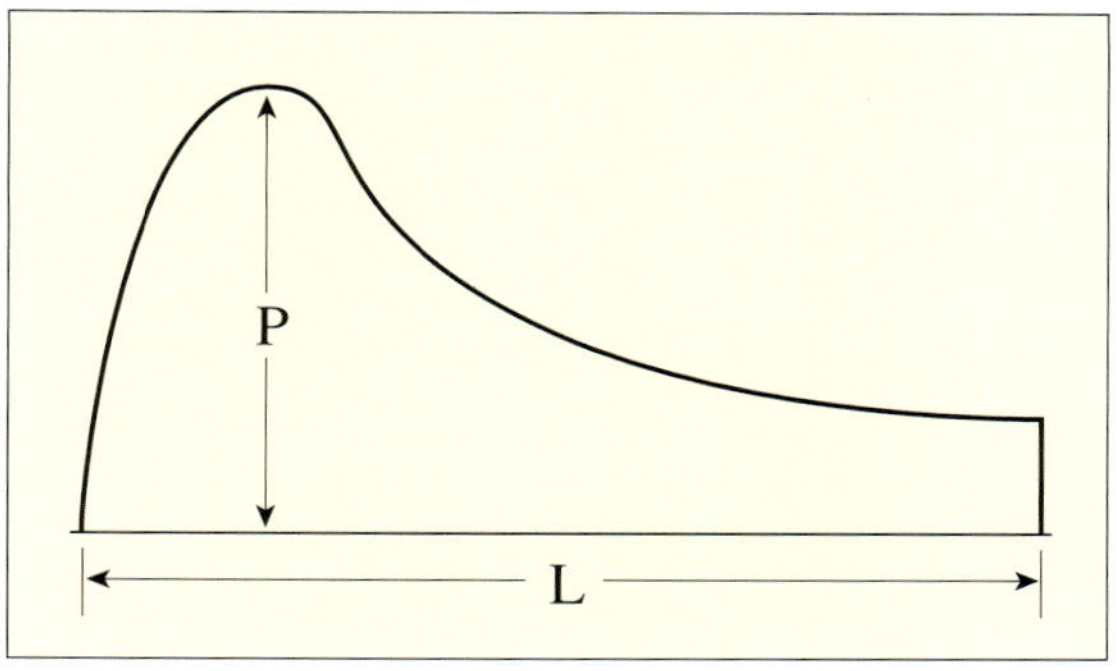

アルベオグラフ（ショパン社）
P：Lが1：2の割合を示す小麦粉が、フランスパンには最も理想的。簡単に言えば、Pはコシ(腰)でLはアシ(足)です

つまり、このグラフが物語っているのは、フランスパン作りに求められる粉はただ力が強いだけでなく、アシ（のびやすさ）も重要な要素だということです。もっとも、フランスでも今は収穫量の多い新品種が広まっており、コシがでてアシの短い小麦粉になる傾向があるようです。

小麦粉と、パンの白さ

日本の小麦粉がグルテンの量によって分類されているのに対し、フランスでは粉の種類を灰分の多少によって分類しています。

灰分量の少ないタイプ45から始まり、タイプ55、タイプ65、タイプ80、タイプ110、タイプ150と続くのが小麦粉で、ライ麦はタイプ70、85、130、170の4種類です。

数字は少ないほど色は白くなります。日本ではご飯も白米を求め、パンにも白さを求めるので、その観点からいけばバゲットもタイプ45で焼くのが良いかもしれません。しかし、精製度が高いこの粉は、酵素のバランスやグルテン量の少なさから、パンにボリュームを出すのが難しいのもまた事実。ちなみにフランスではおもにタイプ55で作っており、日本のバゲットを見慣れた目には、相当黒っぽく写ります。

日本の強力粉などは色の白い上級粉の需要が多いため、輸入に際しては小麦のグレード、加工適性ともに最上級のものを指定し、厳しい品質チェックと高度な製粉技術、品質管理といったいくつもの要素から安定した高品質のものが提供されるようになりました。

しかし、フランスはほとんどが国内産小麦で、製粉技術上の特徴として小麦粉と同程度の粒度の小ふすまも入るため、余計に粉が黒っぽく見えるのです。

粗いふすま

小麦粉

粗いセモリナ

製粉前の小麦

細かいふすま

小麦胚芽

細かいセモリナ

最初の粉砕が終わった小麦

本書で使った小麦粉

本書では、フランスパン専用粉はすべて日清製粉のリスドオルを使っています。この粉は、カルヴェル、ウイルム両教授の指導のもとに日清製粉が1969年に完成、発表したものです。当時、ドンク青山店で技術者として働いていたピエール・プリジャン氏やフィリップ・ビゴ氏もテストに協力しました。

発表当時のリスドオルのスペックは灰分0・42％、たんぱく質10・5％でした。これをフランス式の測定値に換算するとたんぱく質は12・2％。両者の違いは、日本式は小麦粉そのままの重量ベースで算出（アズイズベース）するのに対し、フランス式は小麦粉から水分を除いたものをベースに算出する点にあります。ちなみにリスドオルをフランス式に換算するときは1・163倍にしました。

なお、かつては粉にはエージングが必要とされた時代もありましたが、今は使用する側ではその必要はなく、逆に長期間置くことは粉の変質や風味、適度な熟成という点からもマイナスです。等級が下がるほど脂肪分は多く、酵素活性も強いので、より早く使いきることを心がけましょう。

ライ麦粉について

ライ麦は寒冷地ややせた土壌でも栽培しやすいため、ヨーロッパ北部の地域では特に多いですが、フランスでもオーヴェルニュ、ブルターニュ、ピレネー、アルプス、ジュラの各地方ではよく栽培されています。

消費において、ライ麦と小麦のどちらを好むかは多分に地域性もあり、パリでは牡蠣のシーズンにライ麦パンの需要がぐんと伸びますが、それ以外のシーズンはそれほどでもありません。

一方オーヴェルニュなどでは店にはいつも数種類のライ麦パンが並び、客を迎えるときや、ハレの日の食卓にはバゲットではなく地元の食であるライ麦のパンが選ばれるのです。

ライ麦は小麦と異なり、製粉の純化にはかなりの技術が要されます。このためライ麦は粉としてより全粒粉のダークタイプに種類が多くあり、このことは製品の特徴を出すのには役立ちます。

本書では写真で紹介したもののほかに「NR3号」という最も粗い全粒粉も使用しました。また、ドンクでは「ライフレーク」（日清製粉）という、ライ麦を圧偏して加熱処理した押し麦状のものも使っています。これの熱湯で前処理したものを混入すると、特徴のある商品が作れます。

なお、保管は小麦粉以上に注意し、一袋を使いきるまでに数か月も要する場合は、ビニール袋に入れてフリージングするのが最良でしょう。

石臼ひき粉

フランス産の小麦を石臼で挽いたもの。目が粗く、麦の粒が目立つ。本書ではクリスチャン・ヴァブレ氏の項（P.74）で使用している。

ライ麦（NR-1号）

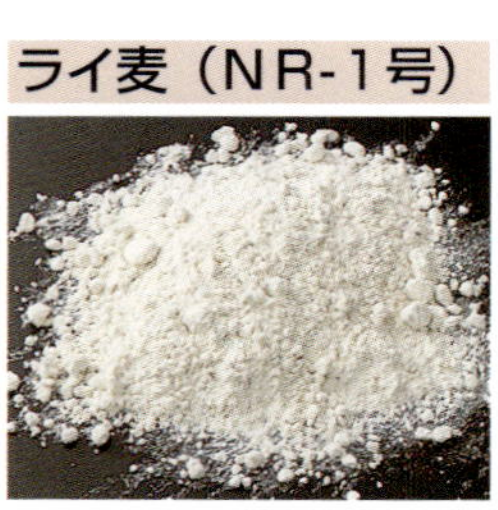

ライ麦粉の中では最も軽い風味でボリュームも出やすい。サワーのライブレッドからサワーを用いないライブレッドまで幅広く使える。

ライ麦（ライファイン）

ライ麦全粒粉。細挽き。食感を損なわず、ライ麦パンらしさを強調できる粉。

フランスでは、ライ麦のパンを次の三つに分類している。

- **パン・オ・セーグル：**
  ライ麦10％以上65％未満のライ麦パン
- **パン・ド・メティユ：**
  ライ麦50％、小麦粉50％のライ麦パン
  （ドイツのミッシュブロートに相当）
- **パン・ド・セーグル：**
  ライ麦65％以上のライ麦パン

酵母《イースト》

酵母には多くの種類がありますが、製パンに適した一つの菌種を純粋培養したものを一般に「イースト」、イースト以外の微生物をも含んだパン種のようなものを「ルヴァン」と呼び分けています。しかしどちらも同じ「サッカロミセス属」の酵母の働きを利用してパンが作られることにはかわりがありません。

酵母（イースト）の働き

酵母は、顕微鏡でしか見ることができない微生物で、たった1個の細胞からなっています。細胞の周囲を覆っている細胞膜は弾力性があり、この膜を通して酵母は外部から栄養分を吸収し、生命活動をしています。私たちは、その活動の一部をパン作りに拝借しているのです。

ではいったい、酵母はどのような活動をしているのでしょう。

酵母は、周囲に酸素がある時は呼吸をし、増殖します。しかし、酸素が不足した状態に置かれると（パン生地の中に入れられた時など）増殖をひかえ、周囲にある糖を細胞内に取り込み、その糖を炭酸ガスとアルコールに分解することで酵母はエネルギーを得、生命を維持します（イラスト参照）。これが発酵作用です。（微生物によって人間に有益な物質が生成される現象を「発酵」と呼び、悪変したものは「腐敗」と呼びます）

発酵によってできた炭酸ガスは、網目構造をしたグルテン膜のあらゆるところで無数の気泡となって生地を膨らませ、パン独特の引きのある食感を作り出します。

一方、同時にできたアルコール類（アルコール、アルデヒド、エステルなど）はパンにふくよかな香りや風味を与えます。

また、発酵には比較的時間がかかるので、その間並行してたんぱく質やでんぷんが様々な酵素の影響でパン生地に旨みや香り、焼き上がりの色を呈する成分なども作り出してくれます。

これら一連の発酵と熟成を経て適度な膨らみと成分を含んだパン生地は火通りがよく、色、風味、歯ごたえ、さらに消化も良い、おいしいパンに焼きあがる、というわけです。

発酵のカギを握る三酵素

酵母は、種類によって好ましい発酵環境が違ってきます。言いかえれば、個々の酵母の持つ主要な3種類の酵素（インベルターゼ、マルターゼ、チマーゼ）の特性と、生地の温度、発酵時間によってパンのでき上がりは大きく違ってくる、ということです。

左のイラストは、酵母のもつ様々な酵素の働きと、発酵のシステムを説明しています。

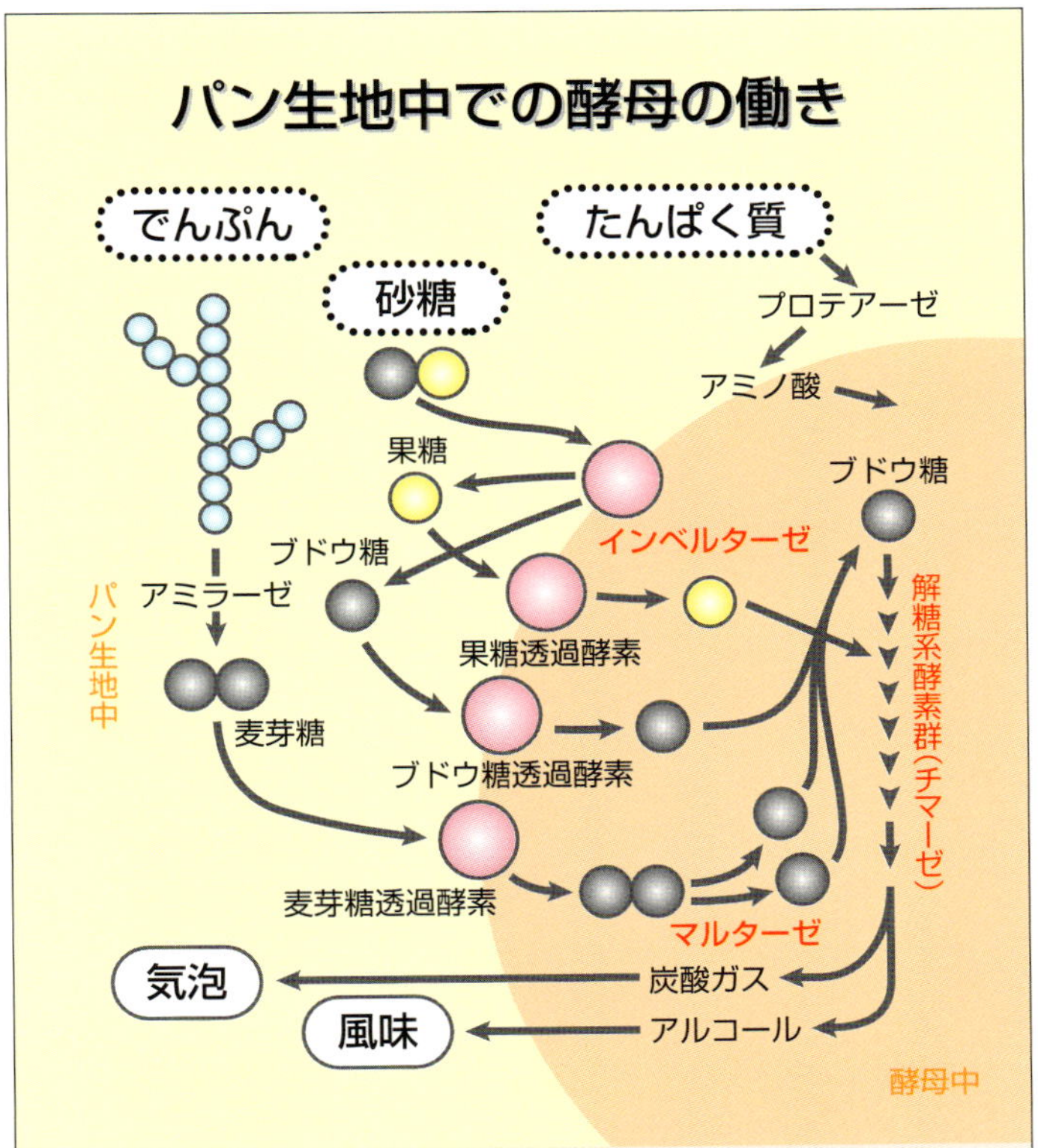

インベルターゼ：ショ糖（砂糖）をブドウ糖と果糖に分解する。一部は酵母の外でも作用する。最適温度50～60℃、最適pH3.5～5.5

マルターゼ：麦芽糖を二分子のブドウ糖に分解する。最適温度30℃　最適pH6.6～7.3

チマーゼ（解糖系酵素群）**：**ブドウ糖、果糖を分解して炭酸ガスとアルコールを作る。最適温度30～35℃　最適pH4～5

インスタントドライイースト
(フランス産　サフブランド)

予備発酵のいらないドライイースト。水分約5%。イースト臭がなく、素材の持ち味を十分に引き出し、カマ伸びの良いパンができる。保存はドライイーストと同じ。写真の赤ラベルがフランスパンなど糖分の少ない生地用。金ラベルは糖分の多い生地用。(本書ではすべて赤ラベルを使用)

ドライイースト
(フランス産　サフブランド)

生イーストを乾燥させ、日持ちを良くしたタイプで、仮眠状態にあるので目を覚まさせ、活動できる状態にして使用する。水分約5%。長時間発酵法のパン向き。保存は未開封で2年。開封以後は冷蔵保存のこと。

生イースト

500gの直方体に圧搾・成形されたものが主流。ほかにフレークタイプも少量ある。水分70%でイーストは30%。国産品は菓子パンなど高糖度のパン生地に向く。保存は10度以下で1週間以内を目安に。

酵母の種類

現在、日本で使用されている酵母の形状は、大別して生イーストとドライイースト(乾燥酵母)に分けられます。ドライイーストの中には、予備発酵を必要とするタイプと、そのまま小麦粉に混ぜられるインスタントイーストがあります。

生イースト

日本で最も広く使われているパン酵母です。水分量が約70%と多いので鮮度には気を使う必要があります。触れれば崩れるような新鮮なものを、よくほぐして使いましょう。

保存は10度以下の冷蔵庫で1週間、5度以下なら1か月程度が目安。冷凍保存はできません。

フランスでも、一般にパン作りに使われるのは生イーストで、フランスパンもこれで作っています。しかし、日本のものとは性質がかなり異なったものです。

ドライイースト

イーストを低温乾燥させたもので、水分量が4~8%と低いので保存性が良いのが特徴です。

日本でフランスパンを作る場合は、フランス産のイーストを乾燥させたドライイースト、およびさらに特殊加工を施し、扱いを簡便にしたインスタントドライイーストを使うのが最適です。

というのも、日本で作られている多くのパンは糖分が高く、したがって国産のイーストの多くは高糖用。これは日本タイプとも言われ、インベルターゼ活性度が低く、ショ糖を分解する速度がゆっくりしていて、糖分の高い菓子パンなどに向いたイーストなのです。

一方欧米タイプ、あるいは低糖用ともいわれるフランス産イーストは、フランスパンや低糖生地(糖分0~12%)の場合に活発に発酵作用を行ないます。つまり、ほとんどショ糖を含まないフランスパンや食パンでも強力なインベルターゼやマルターゼ活性によってエネルギーを生産して、活発に発酵させることができるのです。こうして長時間発酵を持続させ、焼き上げたパンは、そうでないものに比べ味や香りにかなり差が生まれます。

ただ、フランスから生イーストを取り寄せることは鮮度の点で難しさが残るため、現在、日本でフランスパンを作る場合の主流はフランス産のドライイーストになっているのです。

さらにドライイーストは生イーストに比べ

①酵母活性のない部分が生地に伸展性を与え、なめらかな生地を作る
②ミキシング時間が短縮できる
③パンの色つきが良い
④香りが良くなる

などの利点があります。

また、インスタントドライイーストは

①生地に直接振り入れられる
②酵母の活性のない部分がドライイーストに比べ少ないため、強く張りのある生地がえられる
③低糖生地用と高糖生地用がある

といった特徴があります。

イーストは単種の菌株で、それぞれ個性があるので、パン生地によく合った種類と形状を選ぶことが必要です。

形状別・イーストの上手な使い方

ドライイースト（サフ）の場合

仮眠状態にある酵母を起こすために、温度を保ちながら適量の水分と糖分で約15分間の予備発酵が必要です。工程のどこの段階で予備発酵をスタートさせるか、事前に考えておくことが必要になってきます。

　また以下の写真でも見られるように、湯への振り入れ方は注意して下さい。ここでの失敗は、正しい計量を台無しにしてしまいます。

　このほか予備発酵では湯の量、温度、砂糖の量がとても大事です。これらを正確に守り、水っぽさのない、泡がいっぱいのムース状に仕上げましょう。

　使用量は、生イーストの2分の1が目安です。

正しい予備発酵の仕方

7分間

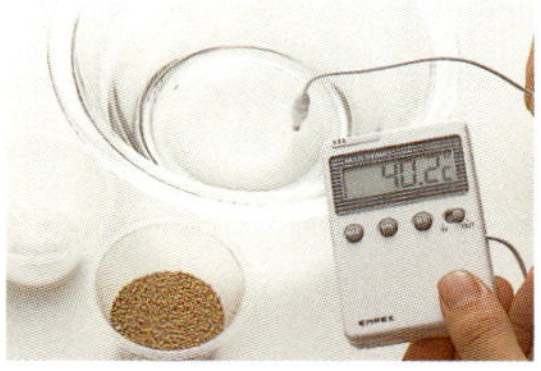

① ドライイーストの4～5倍量の湯を用意し、温度を40℃に保つ。（必ず湯せんする）

② イーストの4～5分の1量の砂糖を溶かし、イーストを上から全体にまんべなく振り入れる。

全体で15分間

③ そのまま6～7分放置（温度が下がらないように気をつけて）したのち、軽く全体をかきまぜる。

④ そのまま温度を保ち、さらに7～8分放置すると、ボウルの底まで均一なムース状になる。

失敗例

1ヵ所にどっと振り入れると、固まってしまい、溶け方にムラができる。

そのまま7分たつと一部が固まっていて、これは混ぜても容易に溶けない。

生イーストの場合

生イーストは、写真のように手でほぐして、粉に直接入れるか、ミキシング時間の短いときは水に溶かすかして、ミキシングします。

　酵母（イースト）は生地などに配合された砂糖などの糖分を活動のエネルギー源としますが、ふつう、小麦粉に対して糖分を5％前後加えると発酵は促進され、10％を越えると酵母の体内の水分が外に出て活動が鈍ることがあり、発酵が阻害されます。しかし、国産の生イーストは耐糖性に優れ、糖分が20％以上の生地にも対応できます。

インスタントドライイースト（サフ）の場合

予備発酵が要らないので、そのままミキサーボウルに振り入れて使います。ただし、直接冷水に触れると発酵開始が遅れ気味になるので、ミキシング開始後1～2分に入れるようにして下さい。

　ミキシングが短い生地の場合は、4～5倍量の湯（約35度）で溶かし、すぐ使用してください。また、直接粉に混ぜ、攪拌してから水分を入れてミキシングするという方法もあります。

　使用量は、生地によって生イーストの2分の1から3分の1が目安です。

酵母《イースト》

酵母《イースト》についてのなんでもQ&A

Q いまのようなイーストでパンが作られるようになったのは、いつ頃から？

A イーストの発酵のメカニズムは１８５７年にフランスの科学者パスツールによって発見されたと言われています。しかし、それ以前からパンの発酵がイーストによるということはわかっていました。

　というのは、このときすでに現在のイーストに近いパン用酵母《イースト》の工業的な生産も始まっていたと言われるからです。ただ、それは粥状で扱いにくく、水分を抜いて現在の生イースト状のものが出現したのは１８００年代の中頃。それから、イースト産業と共にイースト使用のパンの歴史が始まるのです。

Q 酵母《イースト》には、いろいろな種類があるのですか？

A 酒、ビール、ワインなどもそれぞれに適した酵母がありますし、その他の発酵食品にもいろいろな種類の酵母《イースト》が使われています。パン用酵母《イースト》だけでも、糖分に強い菌、無糖生地に強い菌、冷凍耐性のある菌など、様々な種類の酵母《イースト》が目的に合わせて使われています。

Q 酵母《イースト》のエネルギー源は糖分。では糖分の入らないフランスパンは、なぜ発酵するのですか？

A 小麦粉の中にもごく少量の糖が含まれていますし、糖に変わるでんぷん質も多く含まれています。生地中の酵母《イースト》はまずこの糖を、次にでんぷんを分解して発酵していきます。ここで活躍するのが酵素パワー。焼成によって酵母《イースト》が死滅するまでの間にこれらの発酵がどう行なわれたかは、フランスパンの味や風味の大きな決定要因です。

Q 発酵時間とイーストの使用量は、どう考えたらいいですか？

A 発酵時間は、酵母《イースト》の性質や生地中の糖分によって大きく違いますから、まず作ろうとするパンに合わせて考えます。

　特にフランスパンのようにある程度長い発酵をさせるパンでは、持続性のある酵母《イースト》を少量使います。もし、大量に使うとガス発生だけが進み、発酵中に得られるはずのいろいろな風味成分が生まれにくくなるからです。

　逆に、いろいろな副材料を使うパンでは、材料の持ち味が優先するため、やや多めのイーストを使って発酵時間を短くしているのが一般的です。

　発酵時間を長くしたいパンはイーストを少なく、短いパンは多めに、そして種類も選ぶようにして下さい。

Q 生地の温度とイーストの関係はどうですか？

A イーストにとっての適温は、28～32度といわれています。この温度帯であれば発酵活動も増殖活動も活発に行なわれますが、50度位になると自己消化が始まり、65度に達すると死滅してしまいます。逆に4度以下では活動が停止します。

　フランスパン生地など長時間発酵させるパンの場合、23～25度というやや低めの、酵母《イースト》にとってあまり好ましくない環境下でアルコールと炭酸ガスを発生させながら、風味成分をいかに作っていくかがポイントとなります。

　したがって、この場合は、安定持続型の発酵性質を持つ酵母《イースト》を選ぶことが大切になるのです。

Q イーストの違いによって、パンの風味はそんなに違うのですか？

A 違います。たとえば同じインスタントイーストでもメーカーによって、また菌株やイーストを作るときの原料の違いで、同じパンを同じ製法で作っても差がはっきり出ることがあります。

　とくにフランスパンなどのリーンなタイプのパンは、発酵から得られるいろいろな成分が味や香りを左右しますので、イーストの選択は重要です。

　ガスの発生力、発酵の安定性、持続性と共にイーストの特徴をしっかり見極めることはとても大切なのです。

酵母《イースト》

自家製発酵種（ルヴァン）の作り方

ドンクの考える「発酵種」

　今日のように、安定したイーストがなかった時代、「種」はパンの焼き上がりに影響を及ぼす、最も重要な役割を担っていました。

　おいしいパンを作り上げる「良い種」であるかどうか、そしてその「良い種」をうまく使いこなせることが、腕の良いブーランジェ（パン職人）の必須条件。言いかえれば「良い種」は、ブーランジェの腕と経験の結晶そのものであり、大切に次世代へ受け継がれていくものでもあったのです。

　自然回帰のムードが高まっている昨今、効率と安定性に優れている純粋培養のイーストに対して、穀物や野菜、果物から起こした「天然酵母」がブームになっていますが、「天然酵母」という名称からくるイメージが、消費者に誤解を与えることから、パン業界として「天然酵母」という用語の使用を自粛することを取り決め、これからは「発酵種」と呼ぶことにしました（平成19年）。

「発酵種」は難しいか？

　明治時代に日本で大ヒットとなったあんぱんも酒種という発酵種でしたし、食パンがホップス種で作られたりと、日本でもこれまで発酵種を用いたパン作りは行なわれてきました。今日のようなイーストが広まっていなかった時代、手間ひまはかかったでしょうが、それだけに職人たちは優れた腕と経験に敬意を表したことでしょう。

　現代のリズムに合わせるように、最近では市販の「簡易天然酵母種」が幾種か出まわり、そのマニュアル通りに作ればイーストで作るパンと同じくらい容易にパンが作れるようになりました。

　どれにもサッカロミセス属の酵母は含まれますが、それぞれ、芳香や風味を産み出す有機酸の割合や酸度が異なり、これが焼きあがったパンに様々な個性を与えています。

　イーストを使うか「発酵種」を使うか。またその「発酵種」を自家製で最初から作るか、既存のものを利用するかは、店の方針や、パンの種類によって、さまざまな考え方があってよいでしょう。

　いま、ドンクでも、個々の店によって発酵種を用いたパンの品揃えは一律ではありません。食べ手と作り手の相互の要求がかみ合わなければ販売できないからです。

　ただ、スターターを使わない自家製の発酵種は、難しいけれど店の貴重な財産であることは事実。左には、ドンクが大切に育ててきた自家製の発酵種の起こし方を紹介しています。

ルヴァン・ナチュレル
シェフの起こし方

作業時は、イーストやパン生地が触れることのないよう器具や手をよく消毒してください。

①

ライファイン（ライ麦全粒粉）………300g
リスドオル（フランスパン専用粉）…300g
水……………………………………300g
塩………………………………………3g
ユーロモルト…………………………3g

手捏ね、または小型ミキサーでミキシング。
捏ね上げ温度25℃
発酵22〜24時間（温度25℃　湿度75%）

▼

②

上記の①の種から……………………300g
リスドオル……………………………300g
水……………………………………130g
塩……………………………………1.5g
ユーロモルト…………………………2g

ミキシング（捏ね上げ温度25℃）
発酵22時間（温度25℃　湿度75%）

▼

③

上記の②の種から……………………300g
リスドオル……………………………300g
水……………………………………130g
塩……………………………………1.5g

ミキシング（捏ね上げ温度25℃）
発酵22時間（温度25℃　湿度75%）

▼

④

上記の③の種から……………………300g
リスドオル……………………………300g
水……………………………………130g
塩……………………………………1.5g

ミキシング（捏ね上げ温度25℃）
発酵12時間（温度25℃　湿度75%）

▼

⑤

上記の④の種から……………………300g
リスドオル……………………………300g
水……………………………………130g
塩……………………………………1.5g

ミキシング（捏ね上げ温度25℃）
発酵12時間（温度25℃　湿度75%）

▼

⑥

上記の⑤の種から……………………300g
リスドオル……………………………300g
水……………………………………130g
塩……………………………………1.5g

ミキシング（捏ね上げ温度25℃）
発酵 6〜12時間（温度25℃　湿度75%）

▼

この時点で膨張倍率が4倍程度、pH4.5前後になるのが望ましい。最終工程のあと、冷蔵して3日間程度の保管が可能。その時点で次の種継ぎを行なう。（1週間に2回でも可）

シェフ（ルヴァン種）……………500g
リスドオル……………………………570g
グラハムブレッドフラワー……… 30g
水……………………………………270g

ミキシング低速８分
室温で３時間置いた後、冷蔵保管。

（注）シェフの量は、夏場は減らすなどの調整が必要

その他の材料

フランスパン作りは材料がシンプルなだけに、その一つ一つの性格がとても大切。小麦粉とイーストのほかに必ず加わるのが塩と水。さらに安定して高品質なパンを提供するために、必要最低限としてドンクが使用している材料についてもお話ししましょう。

塩

塩は、フランスパンに味をつけることはもちろん、発酵途中の不要微生物の抑制や、発酵速度の調整、また焼成時の皮の色づきなど、少量ながら様々な役割を持っています。今日のように、塩にもヴァラエティが増えてくると、その選択と使用量の調整にはいっそう注意が必要です。

ドンクは約30年程前まで、流下式塩田の並塩を使っていました。これは適量のにがりが含まれた理想的な塩でした。現在、それにもっとも近いのが伯方の塩。また、フランス産の小麦粉を使うときはフランスの海塩(細粒)を使っています。

水

パンに弾力を与え、酵母が働くのに適した環境を作るのに大切な水。日本全国でパン作りをしてみて、おおむね各地の大差は感じないものの、時に、どうやっても生地が締まり過ぎて手におえず、「水の硬度の差」としか説明できないところもあります。

このような場合は、ルポ・オートリーズの時間を長く取るなどで対処しています。

ユーロモルト（ディアマルテリア・イタリアーナ社製）

一般にモルトといわれるものですが、ドンクではこの製品しか使っていないので、ここでは「ユーロモルト」に限って話します。

これは大麦を発芽させた、強い活性のアミラーゼ（でんぷん分解酵素）と麦芽糖を含むモルトシロップのこと。

モルトはフランスパンのように配合中に糖分の少ない生地には特に有効で、モルト内のアミラーゼがでんぷんを分解して糖化し、イーストの栄養分を作り出すほか、フランスパンの外皮を明るい黄金色にしたり、生地の伸展性を増したり、風味にも寄与します。

使用に際しては無造作に扱われがちですが、ぬらした手でつまめば、知らず知らずのうちに水が加わって薄まってしまうし、容器はふたができるようにしておかないと生地やごみが入ります。

計量しやすくするためには、モルトを同量のぬるま湯で溶かして（2倍希釈）液状にしておくこと。ただし、この場合は冷蔵庫保管で2日間以内に使い切るようにしましょう。

なお、モルトはメーカーによって酵素活性が異なるので、他メーカーの製品を使用する場合は注意が必要です。

ビタミンC（L―アスコルビン酸）

モルト同様、これを入れずにフランスパンが作れないわけではありませんが、入れないと、どうしてもボリュームの小さな重いパンになりがちです。

というのも、ビタミンCはグルテン構造を強くする作用を持つため、微量でも添加したほうがミキシングを掛けすぎることなく生地のガス保持力を増すことができ、軽さを持った、カマ伸びのよいパンができるからです。

フランスでは、ビタミンCは数10ｐｐｍ使わなければ入れた効果は出ないという人が多いのですが、ドンクの使用量は3～8ｐｐｍ。これで十分、軽さのあるパンが安定的に焼けます。

ちなみにｐｐｍとは100万分の1のこと。日本では10ｐｐｍ使用することが多いので、次のことを頭に入れておけば面倒な計算式はいりません。

「ビタミンC1%溶液をベーカーズパーセントで0・1%使用すれば10ｐｐｍになる」

本書ではこの考え方を基本に0・5%溶液、0・6%溶液などを作り、最終的に5ｐｐｍ、6ｐｐｍといった配合にしています。

なお1%溶液とはビタミンC1gを水99gに溶かした液のこと。0・5%溶液なら0・5gのビタミンCを99・5gの水で溶いて作ります。

ユーロモルト
ディアマルテリア・イタリアーナ社（イタリア）製のモルトシロップ。水分量が少なく、粘度が高く扱いやすい。酵素の力が強いので、使用量が少なくてすむ。

こだわりの製パン機器・道具

縦型ミキサー

ドゥフックでパン生地を練るだけでなく、ビーターやホイッパーとしてフィリング、トッピング類の仕込み、さらには焼き菓子用生地の仕込みなど、幅広く活躍。

アートフェックス型ミキサー＊

２本のアームによって、人間の手に近い動きをさせることのできるミキサー。アーム型ミキサーと呼ばれ、均一に、生地の傷みも少なく混ぜることができる。ドンクでは、パネトーネ、パン・ドーロ生地の仕込みに使用。

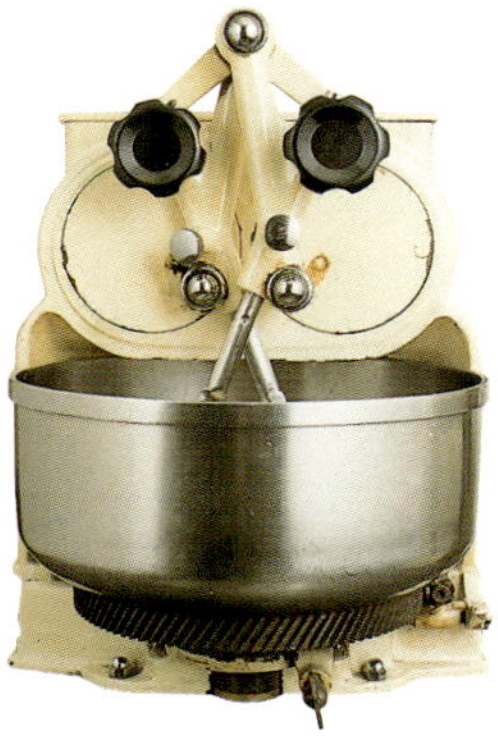

スパイラルミキサー＊

現在、ドンクで使っているミキサーのほとんどがこのタイプ。ミキシング時間が短くてすむ。また、ブリオッシュ生地のミキシングにも有効。

ユーロフール　コンベクションオーヴン＊

熱風循環方式により、生地全体に熱が行き渡る設計で、焼きムラが少ない。温度上昇が早く、操作が簡単。とくにフィユタージュや小物のパン、焼き菓子などに最適。

ボンガードオーヴン（エレクトロン）＊

伝統的な石窯の良さを生かした電気オーヴン。石床（焼成床）が厚く、パンに十分な熱が伝わり、熱反射ドアや豊富な断熱材により、熱のロスが少ない。各種パンに対応した温度設定が可能で、スチーム量が豊富。

バゲットモルダー＊

フランスパンはモルダーで６割、そのあと手で４割というふうに、モルダーのローラーを締め過ぎないようにしている。バゲットだけでなく長物はすべて可能。ドンクでは角食パンの成形にも使用。

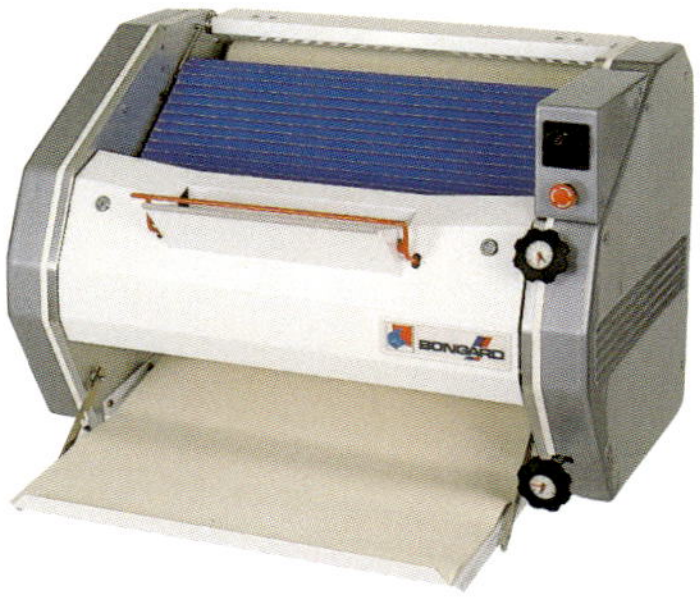

デジタル温度計

製パンにおいて温度計は必需品ではあるが、壊れやすいのが難点。消耗品と心得たほうが良い。

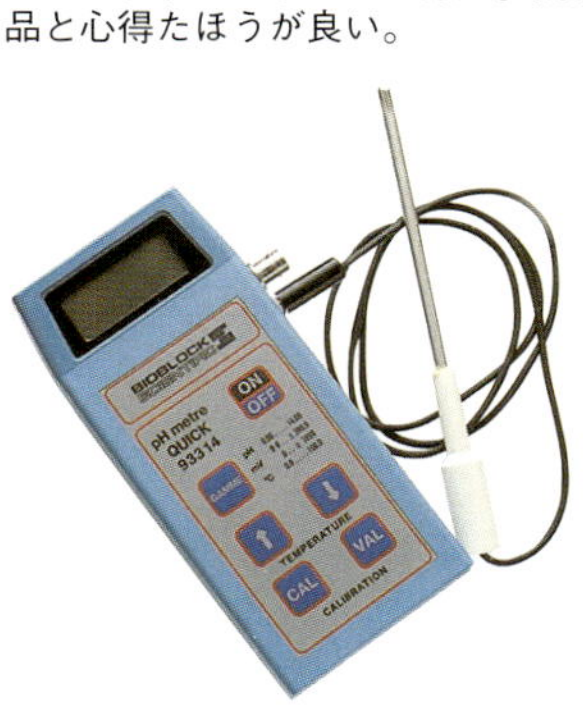

分割秤

看貫秤（かんかんばかり）とも言う。上皿のねじが使用中にはずれやすく、異物混入とならないために、ネジロック（接着剤）をさすか、スプリングワッシャを入れて締めなおしておく。零点も要チェック。

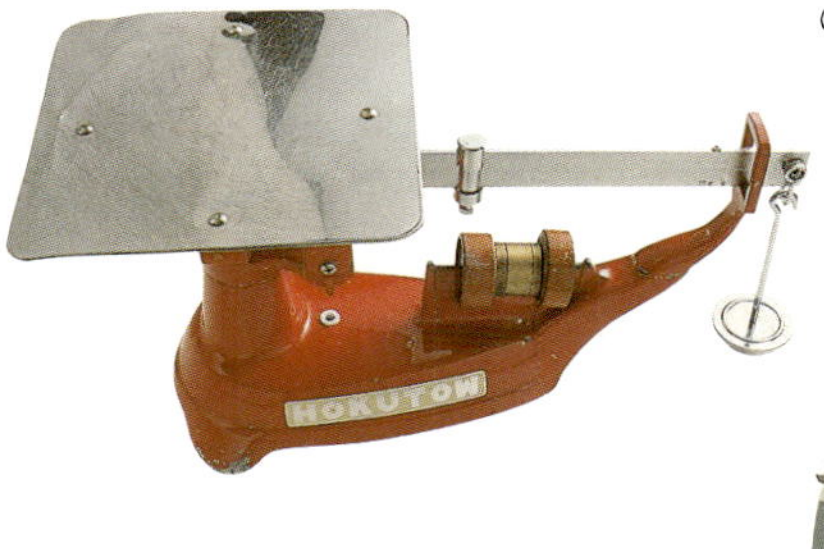

デジタル秤

①粉や水を計量する秤（最小目盛50～100g）②一般材料を計量する秤（1～5g）③ビタミンCやドライイーストを計量する秤（0.1g）④分割生地や１個分のフィリングなどを計量する秤（1g）、とそれぞれの用途に合わせて使用するのが好ましい。とくに③④の最小目盛りには精度を要する。

＊日仏商事（株）扱い

フランスパン用シート

フランスでは、この麻のシートを使用している。生地離れが良い。ただし、かびやすいのでクリーニングが必要。

バヌトン

ドイツパン用のシンペルと違って、フランスパン用はカゴの内側に麻の布張りがしてある。

めん棒

用途によって太さ、長さなど、何本も必要。重みがあって生地離れの良いものは、使っていて疲れない。

スケッパー

ステンレス製が一般的だが、これはハガネ製。腕に負担がかからず、分割作業がステンレス製より楽。ただし、下の台やまな板を傷つけやすいので、シートを敷くなど手当てが必要。

ルネッタ型＊

パンドーロの生地から作る小物のルネッタ専用型（イタリア製）。

ブォンディ型＊

パンドーロの生地から作る小物のブォンディ専用型（イタリア製）。

パンドリーナ型＊

パンドーロの生地から作る小物のパンドリーナ専用型（イタリア製）。ただし、この型はペストリー生地、その他のものにも活用でき、汎用性が高い。

パンドーロ型＊

パンドーロ用型の大と小。イタリアから型を輸入し、日本で内側だけ表面処理して使用している。

食型

テフロンコーティングを施し、熱の通りがよいように黒色にしてある。ドンクのロゴを側面とフタにレリーフ。

コロンバ用紙型他＊

写真はコロンバ用の大小サイズと、パネトーネの扁平タイプの各サイズ。この他、王冠状紙型もある。

パネトーネ用紙型＊

写真は特大、大、小、パネトンチーノ用。イタリアにはこれより大きいサイズもある。

クグロフ型＊

陶器製。これはアルザスのドルフェール氏が使用しているメーカーから輸入したもの。

パン切りナイフ

パンは切れ味の良いナイフで切りたいもの。食べるときだけでなく、パンの内相をチェックするときも、波刃のよく切れるナイフは必要。

クープ用ナイフ

フランスパンのクープ用には、本来右から３～５本目のように先端に焼き入れしているハガネを、自分で研いで使う。しかし、かみそりの替え刃のほうが便利なので、ドンクのベテラン技術者たちは右から６～９本目のように各々自分の使いやすいようにホルダーを工夫・自作する場合も多い。隣りは、最近発売されている既製品のホルダーだが、やや使いにくい。左端は、南仏の生地が乾きやすい地方で用いられる手製ナイフ。なお、右端2本の波刃のペティナイフはパン生地全般に使用できる。

＊日仏商事（株）扱い

フランスパン

伝統的フランスパン（Pains traditionnels）
特別なフランスパン（Pains spéciaux）
加糖生地のパン（Viennoiseries）

★

★

注：フランスでは1993年に「パン・トラディショネル」という名前で販売する場合の政令が制定されたが、本書ではレイモン・カルヴェル氏の見識にそった伝統的なパンという、常識的範囲内の意味でこの呼称を使っている。なお、近年「フランスではフランスパンのことをパン・トラディショネルと呼ぶ」という記述が日本で散見されるが、フランスですべてのパンが伝統的製法で作られているわけではないので、この記述は必ずしも正しくない。

おいしいさと品質にこだわった
3つのフランスパン製法

フランスで「パン Pain」と言えば、基本的には小麦粉とイースト、塩、そして水の４材料だけで作られたものをさします。それほどにシンプルで自然そのものであっても、時代の流れの中で製法には紆余曲折の変遷がありました。

本書ではまず、ドンクが日本で守り続け、近年ではフランスでも見直されてきた「伝統的なディレクト法（Panification direct）」を軸にして、パン・トラディショネルの製法のポイントやヴァリエーションを詳細に解説します。

これはイーストが工場生産されるようになってしばらくした1890～1920年頃から広まり、４～６時間という長い発酵時間の間にアルコール発酵がゆっくりと進み、有機酸をたっぷりと含んだアロマが魅力の、まさに「バゲットの黄金時代」を築いた製法です。

その後、フランスでは発酵時間が限りなくゼロに近づく暗黒期を経て、今ふたたび伝統的手法の見なおしの気運が高まっています。

第２の製法は、このディレクト法の改良案としてレイモン・カルヴェル氏が考案した「パート・フェルメンテ法（Panification direct avec apport de pâte fermentée）」で、発酵生地（パート・フェルメンテ）を加えて発酵時間の短縮を図りつつも、ディレクト法にきわめて近い高品質のパンが得られます。

第３には、ディレクト法が生まれる前の19世紀、ウィーンの職人がフランスに持ち込んだ、ルヴァンを全く使わない初めての製法として「ポーリッシュ法（Panification sur poolish）」を紹介します。

ポーリッシュ法によるバゲット
Panification sur poolish

ディレクト法によるバゲット
Panification directe

パート・フェルメンテ法によるバゲット
Panification direct avec apport de pâte fermentée

フランスパン製法の変遷

かつてパンは、ビール酵母やルヴァンを利用して作られていた。(**ルヴァンのパン製法**には様々なものがあるが、本書では２段階製法のパン・オ・ルヴァンを紹介)

18世紀後半からは、イーストが少量添加される**ルヴァン・ド・パート法**が広まったが、当時のイースト使用の目的は、寒い季節の発酵の補助や安定化、また少しでもパンを軽く、酸味を少なくしようとするためだった。(本書のルヴァン・ド・パート法は、フランスパンの発酵生地をスターターにした種を使用する方法でパン・ド・セーグル、パン・コンプレで紹介)

19世紀中ごろになると、それまでの常識を全く覆すような、ルヴァンを全く使わず水種で作る**ポーリッシュ法**（ビール酵母からイーストへと時代とともに変遷しつつ)が広まり、20世紀初めまで発展を遂げる。しかしこの間に**ルヴァン・ルヴュール法**（日本の中種法と同じ)、**ディレクト法（ストレート法）**が考え出され、次第に後者が優勢となっていった。

そして今日、その改良製法として**パート・フェルメンテ法**が現われたのである。

Pain français en direct

ディレクト法による
フランスパン

「バゲット黄金時代」の味を3時間発酵で

フランスパンは、イーストの量とミキシングの時間を最小限にして発酵時間をたっぷりとると、最高に美味しくでき上がります。イーストが少ないと作るときに注意を必要としますが、ドンクでは何より美味しさを第一の目的として、このディレクト法をとっています（ただし1日の初回の仕込みはパート・フェルメンテ法を導入している店も多い）。

発酵時間は時代と共に短くなってきましたが、ここではドンクがこだわり、守ってきた伝統的な3時間製法を紹介します。

発酵

6 発酵を120分とった後、生地を傷めないように取り出してパンチをする。このタイミングは、生地の強さを感触で確かめることでしか決められない。

7 両手で生地をたたくように広げて大きな気泡のガスを抜く。その後、左右から三つ折りにする。

8 続けて手前から、向こうからと三つ折りにして、閉じ口を下にして発酵箱に入れ、さらに60分発酵させる。

分割・成形

9 バゲットは350gに分割する。

10 軽く叩いて大きすぎるガスを抜き、手前に引きながら指先で生地の切り口を下に巻き込み、なまこ形にまるめる(バタールは丸形に)。30分休ませる。

前工程

ドライイーストはP.11の解説にしたがって、予備発酵させておく。

ミキシング

1 粉にモルトと水を加えて低速で2分間混ぜる。

2 ミキサーを止め、そのまま30分おく。(ルポ・オートリーズを30分間とる)

3 ルポ・オートリーズ終了。グルテンがのびやすくなっている。

4 予備発酵させたドライイーストを加え、低速でまわす。スタートして30秒後に塩を加え、合計4分間こねる。生地の状態を見て必要なら高速で20~30秒。

5 ミキシング終了(ミキシングは必要以上にしない)。捏ね上げ温度23~24℃

配合

リスドオル(フランスパン専用粉) 1000g(100%)
サフドライイースト(予備発酵タイプ)‥6g(0.6%)
塩……………………………………20g(2%)
ユーロモルト…………………………2g(0.2%)
ビタミンC(0.6%溶液)……1g(0.1%)(6ppm)
水……………………………………690g(69%)

作業工程

前工程▶ドライイーストを予備発酵させておく。

ミキシング▶スパイラル型L2分⇒ルポ・オートリーズ30分⇒ドライイーストとビタミンCを入れてL4分(スタートして30秒後に塩を加える)⇒H20~30秒(生地の状態による)。捏ね上げ温度23~24℃

発酵時間▶120分⇒パンチ⇒60分(発酵室:27℃)

分割▶350g(バゲット)

ベンチタイム▶30分

成形▶約65cm

ホイロ▶80分(発酵室:28℃)

焼成▶クープを入れ、スチームを入れて上火240℃、下火230℃ 30分

11 粉をまぶし、軽く叩いて生地を平らにする。

12 手前から約3分の1を折る。

13 向こう側からも3分の1、折る。

14 重なり際を、両親指の腹で押さえて止める。

15 さらに、手のひらの付け根でしっかり押さえる。

16 向こう側から手前に、二つ折りにする。

17 手のひらの付け根が作業台から離れないように注意しながら、表面を張らせるように約65cmに伸ばしていく。

ホイロ

18 布にのせて80分間、ホイロをとる。(ただし、写真はバタール)

19 仕上げ発酵が十分かどうかは、生地を指で押してみる。触ってみて、生地の強い反発があればまだ若い。逆に、指の跡がつくほどであればホイロオーバーである。

焼成

20 生地をスリップピールに移し、クープを入れる。

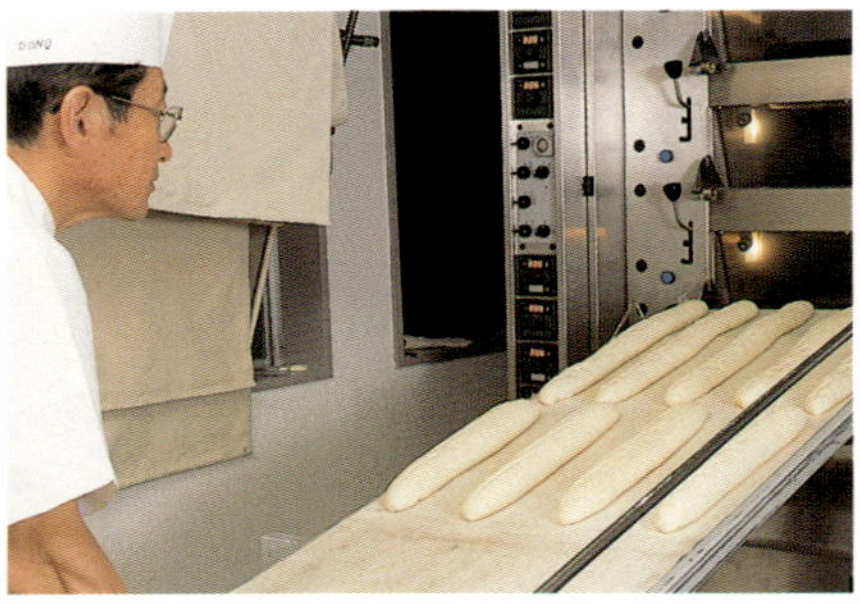

21 スチームを入れて上火240℃、下火230℃のオーヴンに入れ、30分間焼成。

22 焼成3分経過。クープを入れたところが大きくカマ伸びして、クープが立ってくる。

23 7分経過。ほぼカマ伸びの終点。

24 指でパンの底を叩いて、乾いた軽く澄んだ音がしたら焼き上がり。

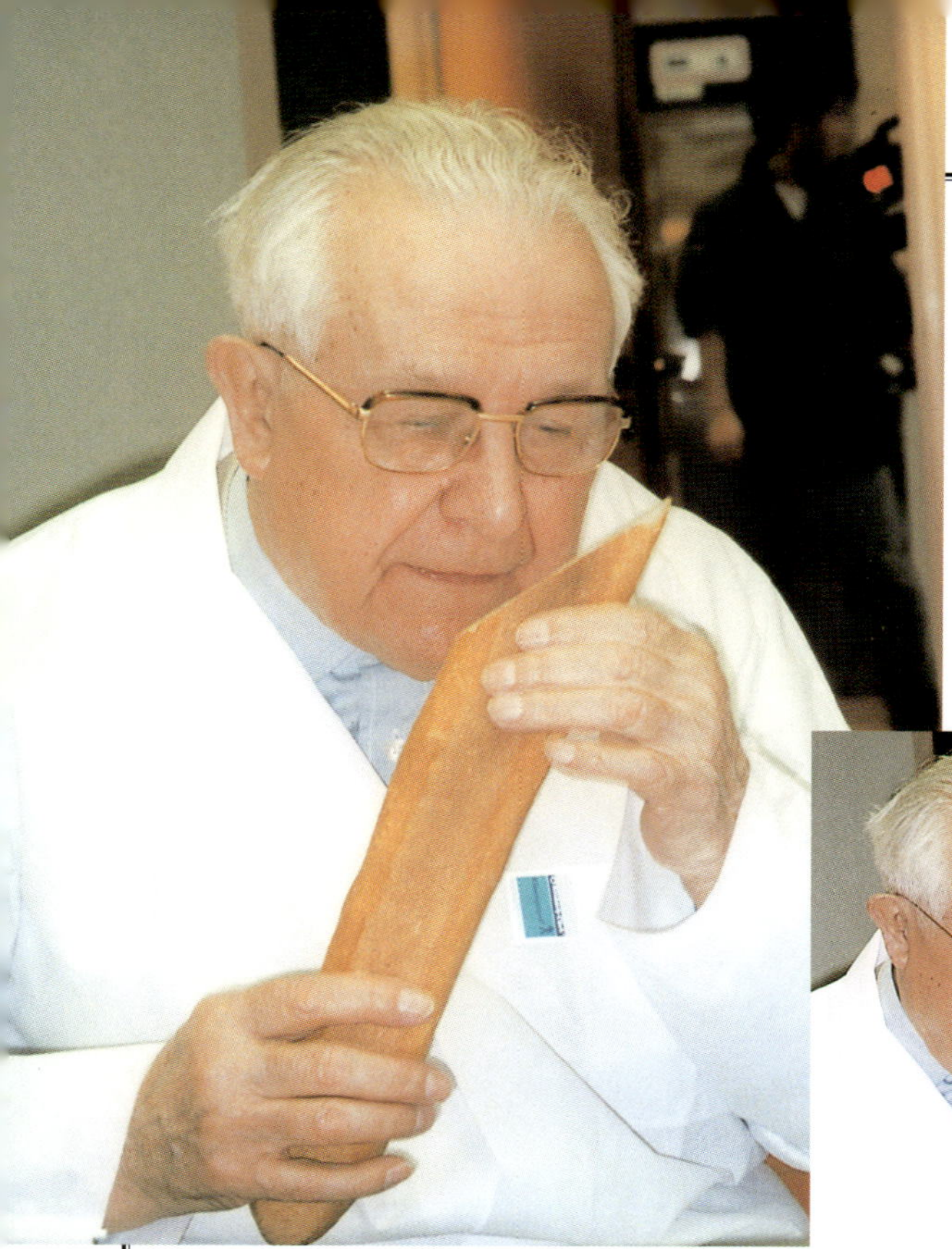

カルヴェル先生に教えてもらった Bon pain français《よいフランスパン》を作る技術と心

カルヴェル氏は、1954年の初来日以来、もう数え切れないほど日本に足を運び、「よいパン」を唱え続けてきました。その教えを真っ先に請い、実践し続けてきたドンクが今日まで日本で守り、広めてきた「よいフランスパン」とは………。

カルヴェル氏にパンをみてもらうのは、みんなドキドキ。でもこの笑顔が出れば、合格。

皮はパリパリ、中身はクリームホワイト

カルヴェル氏の唱える良いパンの定義を簡単に言えば、こうです。
外皮（croûte）：明るい黄金色でよく焼かれたクルート。手で押せばパリパリと音がはじけること。
中身（mie）：「bien alvéolé」つまり大中小の気泡が分散している内相で、「blanc crème」つまり色がクリームホワイトであること。

中身がクリームホワイトであるというのは、生地が必要以上に酸化されていない証です。パン生地はある程度酸化させて生地構造を作りますが、パンの形だけを求めるなら過度に酸化させた生地のほうがパンとして作りやすい。しかし、それでは味、香り、風味の点からbon pain（よいパン）にはなりません。

生地はすべての工程において、ていねいに扱うのが基本。ですからミキシングも力はつけたいけれど、香りが飛んでしまわない程度で止めておく。分割も成形も、過度に行なえばダメージになる。ダメージは最小限に抑えて、とにかく生地はていねいに。

それらひとつひとつの所作。それを説明できるだけの科学的裏付け。その両方をていねいに、厳しく教えてくれたのがカルヴェル氏でした。

手段は変えても、目的は変えないための「パート・フェルメンテ法」

氏は、来日するたびにフランスパンを指導しつつも、その内容はどんどん変化してきました。フランスの製パン法自体が変貌を遂げてきたからです。その代表例が発酵時間との戦いです。

初来日の1954（昭和29）年の講習会の記録では、発酵時間は4～5時間でした。（当時の日本にはフランス産のドライイーストは輸入されていなかったため国産の生イーストを1～1.25％使用）。

これが、2回目10年後の来日では発酵時間3時間。背景にはフランスの労働時間短縮化の波があったようです。

日本ではこの「3時間」は、翌年、カルヴェル氏の依頼で来日したビゴ氏によっても引き継がれ、結局ドンク、そして後に発足した「日本フランスパン友の会」でもこれが標準とされ、今日まで全国でフランスパンが作られてきました。が、当のフランスではさらに労働時間の短縮が進み、そのあおりが発酵時間のさらなる短縮化、つまりついにパンの味の低下を招いたのです。

こういった時代背景を受け、1980年にカルヴェル氏が日本で発表したのが、フランスパンの発酵生地を添加することによって発酵時間を短縮するパート・フェルメンテ法でした。労働を軽減しつつも、昔に負けない豊かな風味のパンを絶やさない。氏は、時代の波に柔軟に相対しながらも、品質では決して妥協しない知恵を編み出したのです。

もうひとつの技術「ルポ・オートリーズ」について

カルヴェル氏がよく用いる仕込み方法で「ルポ・オートリーズ」があります。これは生地が締まりやすいときに特に有効な方法で、1956年にはすでにテスト済みで日本では1974年にドンクで指導の後、1975年に発表されました。

具体的には粉、水、モルトで水気、粉気がなくなる程度まで数分間ミキシングし、そのまま最低10分から30分休ませます。その後、イースト、塩、ビタミンCを加えてミキシング再開、とします。

この効果には①ミキシングが10％短縮できる②パン生地が伸びやすくなる、の2点が挙げられます。

フランスパンの神様、怒る

1988年、カルヴェル氏が日本のパン業界に警告を発したことがあります。日本で砂糖やショートニングが配合されたパンを「ソフトフランスパン」「パン・ド・カンパーニュ」と称して売られているのを見てしまったからです。

「材料のことはもとより、発酵時間を長めにとり、ほどほどのボリュームでよく焼けた、クラストがパリパリとしたものがフランスパンです」。

つまり、フランスに存在しないパンを「フランスパン」の名前で売ることは許さない、世界的に有名なフランスパンを傷つけることになる。発展していく科学技術を製法に取り入れはしても、オリジナリティは断固として守る。味、香り、食感、製法、素材、そのどれにおいてもフランスパンの名で作り、売るなら、妥協や勝手なアレンジは認めない。

フランスパンの神様はその年、そう言い残してフランスに帰っていきました。

Petite tabatière
プチ・タバチェール

タバチェールとは「たばこ入れ」の意味で、これは一昔前にフランスでよく見られた嗅ぎたばこ入れを模したと思われます。普通は350gの大きいパンにしますが、ここでは50gの小さなタイプを紹介。これも薄い部分のカリカリ感と中身のソフトさのコントラストが楽しいパンです。

1　ベンチタイムを取った生地の端から３分の１をめん棒で平たくのばす。先端を薄くしすぎない。

2　残りの丸い部分を平たい部分に載せる。

3　天地逆にしてホイロを60分取り、焼成。（写真右２列。左２列はシャンピニヨン）

Champignon
シャンピニヨン

シャンピニオンとは「きのこ」の意味で、ユーモラスな姿が印象的なパン。人気の秘密は形だけのせいではなく、頭のパリッと薄焼きせんべいのような香ばしさとボディ部分の２つの味わいが楽しめる点も挙げられます。

1　１個当たり50ｇに分割してベンチタイムをとった生地をまとめなおす。頭用に用意した生地をしっかりしめて直径３cmの棒状にする。打ち粉をたっぷりして約１cm幅の小口に切る。

2　めん棒で、生地を殺して円形に薄くのばす。

3　形を整えた生地の上に２の頭部を載せ、指をその中央からまっすぐ下まで押さえこむ。このあとは、生地が弱いようならこのまま、強ければ逆さにしてホイロを60分とり、焼成。

Bâtard
バタール

生地重量は350ｇと、バゲットと同量ですが、成形で太く短く（バゲットの65cmに対してこちらは40cm前後）仕上げます。日本では中身のやわらかな部分を求める人が多いので、バゲットよりこちらのほうが人気。クープは３本です。

1　ベンチタイムをとった生地を、バゲットと同様に成形していく。

2　やや太めで、最終的な長さは約40cmに。

3　クープはバゲットよりやや深めに入れ、ホイロを80分とって焼成。

Épi
エピ

細長くした生地にハサミを入れて仕上げるパン。意味はその形をイメージさせる「麦の穂」です。基本的にはバゲットやバタールまで成形した生地に斜め上から切り込みを入れていきますが、写真のように円形にしたり（クーロンヌ：王冠）、成形前にベーコンを中央に入れたりと、アレンジも多彩です。

1　バタールサイズに成形し、ホイロを80分とった生地をスリップピールにのせ、ハサミを入れる。

2　生地を切ったら、もう一方の手ですぐ左右に振り分けていく。スチームを入れて焼成。

Check

王冠を作るには、両端をやや細めのバゲット形に成形した生地を丸くおき、端と端は水を付けてつなぐ。その後、上と同様にはさみを入れていく。

Faluche
ファルッシュ

フランスパン生地で作るポケットブレッド。面白いのは、平らにのばした生地をオーヴンの中に入れるだけでぷうっと膨らむことに加え、同じ生地でありながら、バゲットなどとはまったく違うもちもちとした食感が得られること。昔はオーヴンの中の温度を見る試し焼きのパンだったようです。

1　70ｇに分割してベンチタイムを取ったフランスパン生地を、直径14～15cm程度までめん棒でのばす。

2　そのまま10分おく。

3　300℃のオーヴンに入れて２分もすればぷうっと膨らんでくる。室温に出すとあっという間に空洞はつぶれるが、ポケットにはなっている。300℃が無理なら、通常の温度で長めに焼けばよいが、できるだけ高めの温度が好ましい。ただし、焼き色をつけすぎないこと。

Boule
ブール

ブールとは「ボール、丸」といった意味ですが、パン職人を意味する「ブーランジェ Boulanger」の語源でもあります。皮を食べるフランス人に対して中のソフト部分を好む日本人にとって、人気のフランスパンアイテムです。

1　350ｇに分割してベンチタイムを取った生地のガスを軽く抜き、丸めなおす。

2　クープはバゲットとは違って、生地に対して垂直にナイフの刃を入れる。ホイロを80分とって、焼成。

Check

焼きあがったブールのクープがこんなふうに割れていたら失敗。原因は、成形の丸めで生地を締めすぎたか、ホイロが若すぎるかだ。成形は表面を張らせるように。ホイロ時間は一緒にカマ入れするほかのパンと足並みをそろえるよう、成形の締め方を調整することも考えること。

プロの視点

クープの入れ方によって違ってくるフランスパンの表情

クープは、生地に切れ目を薄く入れることで内部の水分を適度に飛ばし、焼き上がりの食感と外観を決定する最大の重要ポイントです。以下に、バタールでそれぞれの参考例を示しました。

ドンクのクープの入れ方

<ポイント>
①クープの長さは均等が美しいが、3本目が長くなりやすいので注意する。
②焼成後クープ面は広がった方が火通りもよく、水抜けがよい。

クープが浅い

クープナイフの入れ方が浅すぎると、焼成後クープの耳は薄くなるが、切り残しに注意する必要がある。

クープが深い

クープナイフの入れ方が深すぎると、焼成後、クープの耳が厚くなる。

垂直切り

クープナイフを生地に対して垂直に入れると、焼成後、クープの耳が左右にばらつく。

クープの重なりが短すぎる

クープの重なった部分の胴体がくびれる。また、生地が強い場合は、帯が切れやすい。

クープの重なりが長すぎる

中央のクープが十分割れにくいときがある。

わき腹切り

生地のややわき腹にクープを入れた例。写真の場合、右側の焼きが甘くなっている。

帯（クープとクープの間）が狭すぎる

生地の力が強すぎると、帯が切れやすい

帯（クープとクープの間）が広すぎる

生地の力が強すぎるときには、有効な切り方。

階段切り

階段のようにクープがずれて入れられていると、焼成後、正面から見てパンがねじれて見える。これはバゲットやパリジャンのように長いパンになるといっそう顕著になる。

よいフランスパンを作るポイント

1 成形時の手は、作業台から離さない

成形の最終段階で表面を締めるとき（実際には張らせる作業だが）、決して**写真左**のように手のひらを作業台から浮かせないこと。生地を押さえすぎたり、一定の締めができなかったりするからである。あくまで**写真右**のように手のひらは作業台につけたまま、手前から生地を押し出すようにして締めていく。

2 スチーム（蒸気）は、おろそかにしない

焼成時のスチームは、ふっくらとカマ伸びさせるためにも、またパリッとした香ばしい皮に焼き上げ、中をふんわりさせるためにも不可欠（**写真左**はスチームなし、**右**がスチームをかけた通常の製品）。

ただ、蒸気が多いとつやが出て外観はきれいになるが、掛けすぎるとクープがくっついて割れにくくなり、カマ伸びもしにくくなって火通りも悪くなりやすいので注意が必要。

3 内相をチェック。大小不ぞろいな気泡があるか

大きく切ると見やすい

最近のパン愛好家の中には、本格的に美味しいフランスパンをチェックしようと内相まで気にする人が少なくない。自らの製品をときには切って判断してほしい。切り方に決まりはないが、パンの長さ全部にわたって切ると内相がはっきりわかる。フランスでは右の２例が多いが、切り口を大きくしたほうがチェックはしやすい。

気泡は大小不ぞろいの大きさのものが点在していてクリームホワイトで、気泡膜は薄く、膜が光って見えるものがよい。ただ、成形時にガスを抜かないようにしたからといって内相がよくなる訳ではない。パン・ド・ミのように均一な気泡はモルダーで締めすぎたり、生地の力が弱いときになりやすい。

Pain français avec pâte fermentée

パート・フェルメンテ法による フランスパン

時間を短縮しても味は落とさない改良ディレクト法

これは、ディレクト法の発酵時間を短縮して、なおかつ味を落とさない製法。フランスパンを世界に指導しているフランスの国立製粉学校の名誉教授レイモン・カルヴェル氏が考案したものです。

労働時間の短縮化を考慮して、発酵時間を短くする分、イーストは多めに入れますが、そのことで懸念される風味の不足を、あらかじめ発酵させておいたフランスパン生地（製造工程中に生地を取り分けて保管しておくだけでよい）を添加することによって補います。これならパン風味と日持ちをよくする有機酸を確保できるので、たとえ発酵時間が短くても、長時間のディレクト法と同等の品質が得られるのです。

いわゆる中種法との違いは、こちらの発酵生地には塩分が入っていること、種が中種法のものと比べて軟らかめという2点が挙げられます。

本書では、内割り15%の粉をパート・フェルメンテ（発酵生地）に仕込む製法を紹介します。（次頁の配合欄では「外割り」の計算にしてあります。）

分割・成形

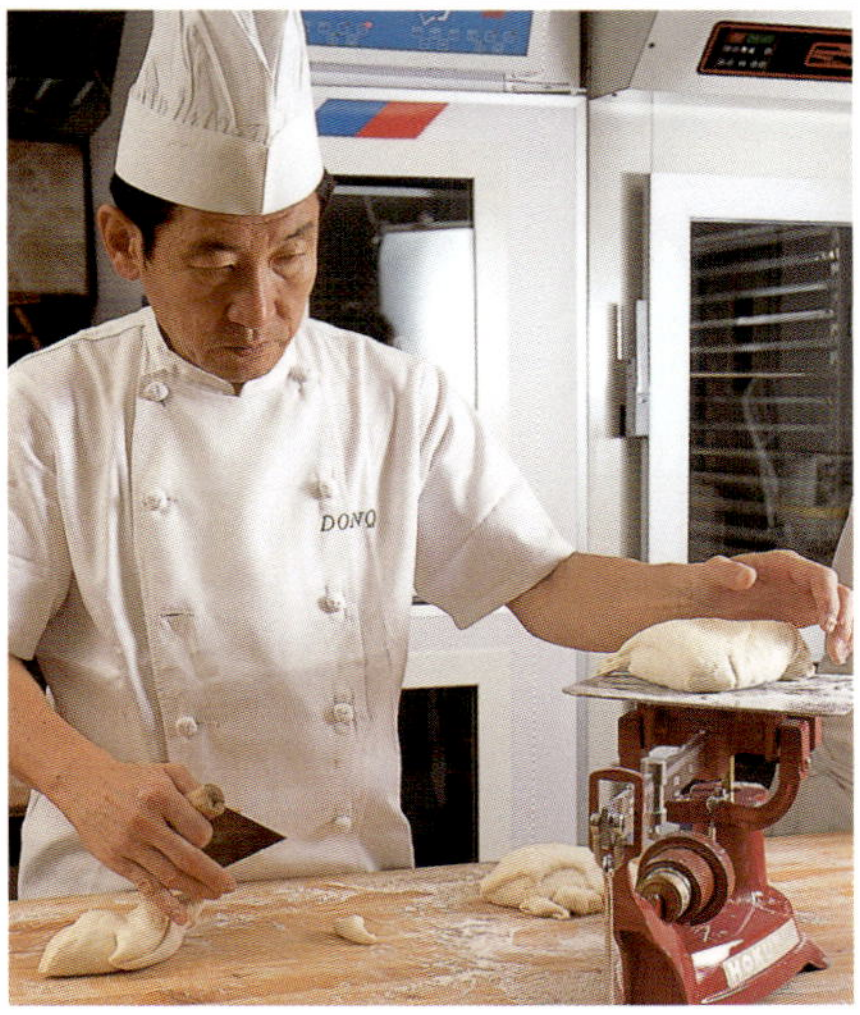

6　350gに分割。P.21と同様にまるめ、30分休ませる。

7　粉をまぶし、軽く叩いて生地を平らにする。手前から約3分の1を折る。

8　向こう側からも３分の１、折り返し、重なりを、両親指の腹で押さえて止める。さらに、手のひらの付け根でしっかり押さえる。

9　向こう側から手前に、二つ折りにし、表面を張らせるように伸ばしていく。

ホイロ

布にのせて70分間、ホイロをとる。

焼成

10　クープを入れ、スチームを入れて上火240℃、下火230℃のオーヴンで、30分間焼成。

前工程

1　パート・フェルメンテ（発酵生地）を用意する。

ミキシング

2　粉に水とモルトを入れ、低速で１分30秒ほど回したときにインスタントドライイーストを振り入れ、さらに30秒回す。ミキサーを止め、ルポ・オートリーズを15分とる。

3　ビタミンＣを加えて再びミキサーを低速で回しながら塩を振り入れ、パート・フェルメンテを少しずつ加えて、合計４分間こねる。ここで生地をチェックした後、必要ならさらに高速で30秒こねる。

4　生地がこの程度のなめらかさと伸展性を持ったところでミキシング終了。捏ね上げ温度24℃

発酵

5　発酵を30分とった後、パンチをする。さらに30分発酵させる。

配合

リスドオル（フランスパン専用粉）1000 g（100%）
サフインスタントドライイースト………7 g（0.7%）
塩…………………………………………20 g（2%）
ユーロモルト………………………………3 g（0.3%）
ビタミンＣ（0.6%溶液）……１ g（0.1%）（6ppm）
水…………………………………………680 g（68%）
パート・フェルメンテ（フランスパン発酵生地）※
……………………300 g（30%）
※フランスパン生地（P.21）を90～120分発酵させ、そののち5～7℃で12～18時間冷蔵したもの。

作業工程

前　工　程▶パート・フェルメンテを用意する。
ミキシング▶スパイラル型Ｌ１分30秒⇒インスタントドライイーストを加える⇒Ｌ30秒ルポ・オートリーズ15分⇒塩とビタミンＣを加える⇒Ｌ４分（Ｈ30秒。）捏ね上げ温度24℃
発酵時間▶30分 ⇒ パンチ⇒ 30分（発酵室：27℃）
分　　割▶350g（バゲット）
ベンチタイム▶30分
成　　形▶約65cm
ホ　イ　ロ▶70分（発酵室：28℃）
焼　　成▶クープを入れ、スチームを入れて上火240℃、下火230℃ 30分

Pain français sur poolish

ポーリッシュ法による フランスパン

19世紀、ルヴァンを使わない初めての製法だった

ルヴァンを使った製法が主流だった時代を経て、１８７2年にフランスで初めてイースト工場が完成しました。しかし、当時はまだイーストにすぐ切りかえるのではなく、あくまでも主力はルヴァンで、イーストは補助的に使っていました。

その一方で、ルヴァンを全く使わないでビール酵母やイーストで作るパンが登場。これがポーリッシュ法によるフランスパンなのです。

それまでのパンの常識を破るという新しさとパンのおいしさで、急速に人気を得て、一時代を築きましたが、いま再び注目を浴びています。

ポーリッシュ法はポーリッシュ種という水種を事前に起こし、本捏に添加する製法ですが、この量や発酵時間にもいろいろな方法があります。フランスのガナショー氏はポーリッシュ法に手を加えた独自の製法で特許を取り、「フリュート・ガナ」の名前でバゲットより短い商品を生み出して評判になりましたが、これも近年、ポーリッシュ法が見なおされる気運の現われの一つでしょう。

形や粉をふることに決まりはありませんが、最近では日本でもこういったレトロ調のバゲットが注目を集めていることから、今回はあえてこの成形にしてみました。

配合

■ポーリッシュ種

リスドオル（フランスパン専用粉）300 g（30%）
サフインスタントドライイースト……1 g（0.1%）
水……………………………………300 g（30%）
＊手で混ぜる。捏ね上げ温度24℃　発酵 3 時間ののち冷蔵庫（5℃）で一晩寝かせる。

■パート・フィナル（本捏）

リスドオル……………………………700 g（70%）
サフインスタントドライイースト……4 g（0.4%）
塩……………………………………20 g（2%）
モルト…………………………………2 g（0.2%）
水……………………………………370 g（37%）

作業工程

前　工　程▶前日にポーリッシュ種を仕込んでおく。

ミキシング▶スパイラル型　L 6 分30秒
捏ね上げ温度24℃

発 酵 時 間▶45分 ⇒ パンチ⇒ 45分（発酵室：27℃）

分　　割▶220g（バゲット）

ベンチタイム▶30分

成　　形▶約40cmのバゲット

ホ　イ　ロ▶70分（発酵室：28℃）

焼　　成▶クープを入れ、スチームを入れて上火240℃、下火230℃
30分

前工程

1　前日に仕込んだポーリッシュ種に、少量の水（分量内）をボウルの周辺から加える。

ミキシング

2　残りの水と塩とモルトを粉に加える。1 のポーリッシュ種も加える。

3　低速で回しながら、インスタントドライイーストを加える。全部で 6 分30秒こねる。

4　ミキシング終了時点。捏ね上げ温度24℃

発酵

5　発酵を45分とった後、パンチをする。さらに45分発酵させる。

分割・成形

6　220gに分割。P.21と同様にまるめ、30分休ませる。

7　粉をまぶし、軽く叩いて生地を平らにし、手前から約 3 分の 1 、向こう側からも 3 分の 1 折り返し、重なりを押さえて止める。向こう側から手前に二つ折りにし、中央から左右へ約40cmに伸ばしていく。左右の端は、細くする。

ホイロ

8　布にのせて70分間、ホイロをとる。

焼成

9　カマ入れ前に粉をうすくふる。

10　クープを入れ、スチームを入れて上火240℃、下火230℃のオーヴンで、30分間焼成。

Pain de campagne

パン・ド・カンパーニュ

都市で認められた田舎風のパン 厚めのクラストと 大小不ぞろいの気泡が特徴

パン・ド・カンパーニュは、そもそもはパリ近郊の田舎で作られていたゴロっとした大きなパンをさし、それをパリ市内に売りにきていたことから、〝田舎の〟という意味の「カンパーニュ」と呼ばれていました。

それが単なる田舎のパン以上の意味をもつようになるのは、1960年代になってから。都市で食べられるパンの質が落ちてきて、パンの原点が問われだしたころに、伝統回帰の意味から、昔からの製法による地方のパンが見直されるようになったからです。ですから、パン・ド・カンパーニュは、都市の必要性から再認識された田舎風のパンという言い方もできます。

パン・ド・カンパーニュの製法にはいろいろありますが、いずれもしっかりしたクラストと不ぞろいな気泡が特徴。ここに紹介するのは比較的ライトな食味が得られるタイプのものです。

その他の製法については、70ページに2種のパート・フェルメンテによるパン・ド・カンパーニュ、72ページにルヴァン・ド・パートによるパン・ド・カンパーニュを紹介していますので参考にしてください。

配合

リスドオル（フランスパン専用粉）	900 g（90%）
ライファイン（ライ麦全粒粉）	100 g（10%）
サフインスタントドライイースト	4 g（0.4%）
塩	20 g（ 2%）
ユーロモルト	3 g（0.3%）
水	690 g（69%）
パート・フェルメンテ（フランスパン発酵生地）※	1700 g（170%）

※フランスパン発酵生地を90～120分発酵させ、のち5～7℃で12～18時間冷蔵。

作業工程

前　工　程▶パート・フェルメンテを用意する。

ミキシング▶スパイラル型　L 2分⇒ルポ・オートリーズ15分⇒パート・フェルメンテを加える⇒L 5分。捏ね上げ温度23℃。

発酵時間▶45分 ⇒ パンチ⇒ 45分（発酵室：28℃、75%）

分　　割▶450gほか

ベンチタイム▶30分

成　　形▶各種

ホ　イ　ロ▶70分（発酵室：28℃、75%）

焼　　成▶クープを入れ、スチームを入れて焼成。下火230℃、下火220℃で40分。

前工程

1　フランスパンのパート・フェルメンテ生地。通常のフランスパン生地を90～120分発酵させたのち、パンチなしで5℃の冷蔵庫で一晩（12～18時間）おいた状態。生地表面を両手で裂くと、グルテンの網目構造が見られる。

ミキシング

2　低速で約2分こねたところで15分間休ませる。休ませることで、でんぷん、グルテン、水の結合がよくなり、生地の伸展性が増加する。

3　1のパート・フェルメンテを加えて、さらに低速で5分ミキシングする。パート・フェルメンテは均一に混ざればよいので、初めから入れる必要はない。

4　ミキシング終了時点。生地をまとめる程度のミキシングなので、生地は多少ベタベタした感じ。パート・フェルメンテの量が多く、あとで効いてくるので、ミキシングオーバーにならないように注意する。

発酵

5　約45分発酵させた後、パンチする。ガスを抜くのではなく、大きなガスを叩き出すようなつもりで。パンチは生地の状態により強弱を加減する。さらに45分おく。

分割・成形

6　ブール形が一般的であるが、バタール形もスライスするときには都合がよいので450gの生地で両方の形を作る。分割丸めはどちらも軽く丸めるだけでよい。ベンチタイム30分。

7　ブールの成形。生地を斜め手前に回しながら閉じ口を底に集めて、表面をなめらかにして、最後に底を閉じる。

ホイロ

8　バタール形の方は成形した後、表面に粉をつけ、生地の閉じ目を上にして布ホイロをとる。ブール形はあらかじめ粉をふったバヌトンに閉じ目を上にして入れる。ホイロ約70分。

焼成

9　カマ入れ直前にスリップピールに移してクープを入れてオーヴンへ。450g前後の大きさだと約230℃で、もっと大型のパンの場合は温度を落として焼く。

Pain de campagne

パン・ド・カンパーニュのいろいろ

パン・ド・カンパーニュの形には、円形、楕円形を基本にさまざまなヴァリエーションがあります。王冠や花を形どったものにも各種の展開形があり、作る方にとっても食べる方にとっても形の楽しさがひとつのポイントです。

Pain grigné au rouleau

パン・グリニエ・オ・ルロー

タバチェールのバタール版ともいえる成形方法。ルローはめん棒のこと。長径26cm、短径15cm、高さ10cm。

Couronne Bordelaise

クーロンヌ・ボルドレーズ

ボルドー地方ジロンド県がオリジナル。円盤状の生地の外周に小玉を並べた後、円盤の中央に小玉の数だけ切れ目を入れて、小玉の生地に被せていくことで独特の形になる。クーロンヌ・ロザス（バラの花状王冠形のパン）とも呼ばれる。直径40cm、高さ10cm。

Couronne fendue

クーロンヌ・ファンデュ

割れ目のある王冠状のパンのこと。前腕か木製のめん棒で割れ目を入れる。冠状にせずに湾曲させただけだとフェール・ア・シュヴァルになる。直径34cm、幅10cm、高さ 6 cm。

Couronne chignon

クーロンヌ・シニョン

シニョンとは巻き髪のこと。フランスには各地にさまざまな成形技術を使った王冠状のパンがあるが、パン職人の資格を得ようとする人たちが、自己表現をクーロンヌ形で行うことが多かったからとされる。宗教的な理由によるとの説も。直径30cm、高さ 6 cm。

Auvergnat

オーヴェルニャ

オーヴェルニュ地方特有の帽子の形からこの名前がついた。丸めた生地のうえに、薄くのばして丸く切り抜いた生地をのせて、逆さにおいてホイロをとった後に焼く。このプチパンはシャンピニオンとも呼ばれて、フランスパンのヴァラエティとして日本でもなじみが深い。長径20cm、短径17cm、高さ13cm。

Couronne Lyonnaise

クーロンヌ・リヨネーズ

リヨン地方をオリジナルとする王冠状のパン。ミッシュ状の生地を作り、中心部分に肘で穴をあけ、両手で輪を広げて、閉じ口を下ではなくて横にむけて成形。直径27cm、高さ 8 cm。

Tordu du Gers

トルデュ・デュ・ジェルス

割れ目を作った生地に粉をふって、ラセン型にねじる。そのため膨張が多少抑えられ、目の詰まったパンになる。長径48cm、短径14cm、高さ9.5cm。

Tabatière

タバチェール

タバチェールとは“嗅ぎタバコ入れ”のこと。外見が似ているのでこの名称がある。ジュラ地方では第二次大戦以前は８割方がこのパンだったといわれる。ブール形に成形した生地の三分の一のところにめん棒をあて、小さな生地の方をのばす。ここに残りの大きな塊をのせる。長径24cm、短径20cm、高さ14cm。

Pain cordon

パン・コルドン

コルドンとは紐のこと。少し固めの生地で編んだ紐を作り、バヌトンの底にしいて、その上に成形したパン生地をのせる。ディジョン周辺が起源とされる。長径33cm、短径17cm、高さ10cm。

Tordu Bordelais

トルデュ・ボルドレーズ

トルデュはフランス西南部、中央部、リムザン地方などをオリジナルとするパンであるが、その中にもヴァリエーションがある。これはボルドー地方のもの。ボルドーの北ではトゥルネ（ひねったパン）と呼ぶ。長径45cm、短径13cm、高さ9cm。

Fer à cheval

フェール・ア・シュヴァル

馬蹄形のパン。パン・ポルトボナール（腕輪の形のパン）という呼び名も残る。シャンパーニュ、ロレーヌ、アルザス地方で昔から作られていた。直径34cm、幅10〜12cm、高さ７cm。

Bouton-d'or

ブトン・ドール

キンポウゲの意味。ブールにめん棒で十字形の溝を作り、その中央のクロス部分に小玉のブールを打ち粉をしてのせ、四隅から生地をよせてバヌトンに反転させて置く。Fleur de froment（小麦の花の意）とも呼ばれる。直径20cm、高さ８cm。

Marguerite

マルグリット

マーガレットの意味。ブールに放射線状にめん棒で溝を作って、中央に小さく丸めた生地をのせる。他にも成形のやり方はいろいろある。直径23cm、高さ5.5cm。

Pain au levain

パン・オ・ルヴァン

自家製発酵種(ルヴァン)を熟成させて作るパンほのかな酸味が特徴

自家製ルヴァンで起こした種（ルヴァン・ナチュレル）を使って作るパンのことです。自家培養発酵種は、ライ麦、小麦、大麦、米などの穀物、レーズン、リンゴなどの果物、ヨーグルトなどから起こすことができますが、種起こしにおいて、一番失敗が少なく安定性があるのはレーズンです。しかし、どうせパン屋が作る自家製発酵種ならと、ドンクでは小麦粉とライ麦全粒粉から起こした種を使っています。有害菌が発生しないように、種の管理には注意が必要ですが、単一菌株の純粋培養のイーストにはない、複合的な発酵風味を得ることができます。

フランスでは、パン・オ・ルヴァンには、生イーストを0.2％までは入れてもいいことになっており、この量はホイロの短縮に役立ち、なおかつパン・オ・ルヴァンの風味を損ねることのないギリギリの線。

パン・オ・ルヴァンはほのかな酸味が身上ですが、日本ではなかなか受け入れられないのが現状です。１９７４年7月、日本滞在中のカルヴェル氏にルヴァンのシェフ（親種）を起こしてもらい、日本で最初のパン・オ・ルヴァンを発売しましたが、時期尚早で立ち消えとなりました。市場性の問題だけでなく、作り手にも、イーストがなかった時代のパン作りに思いをはせる想像力、手間ひまと技術面での工夫に労をいとわない気概を要求するパンでもあります。

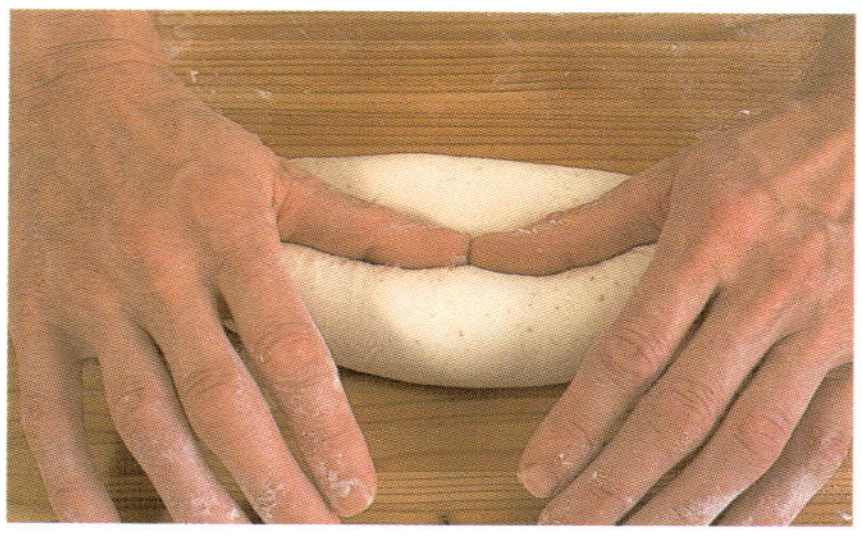

6 ブローの成形。大きなガスを叩きだすように生地をのばして、手前と奥から折り返し、親指で真中を押さえる。バタールよりも短めに成形する。

7 ブールの成形。周りから生地を寄せてきて円形を作り、これを裏返してずらしながらお尻を閉めていく。

ホイロ

8 バヌトンに入れてホイロをとる。ブローは閉じ目を上に、ブールは閉じ目を上と下の２種類にする。ホイロは約3時間。

焼成

9 カマ入れ直前にバヌトンをひっくり返してスリップピールにのせる。バヌトンに入れる時、閉じ目を下にしたものはここで反転して閉じ目が上になるため、焼成後は火山が爆発したようになり、バルカンと呼ばれる。

10 バヌトンからひっくり返して、閉じ目が下になったものに、ここでクープを入れ、焼成。

前工程

1 ２段階方式で作った仕上げ種。親種から作ったかえり種に、さらにリスドオル、ライファイン、水を加えて捏ね上げ、5℃で一晩寝かせたもの。

ミキシング

2 本捏の材料を入れて低速で３分回し、ルポ・オートリーズを30分とった後の生地。伸展性がよくなっている。ここで仕上げ種を加えて低速で４分。生地の様子を見て必要なら高速30秒。

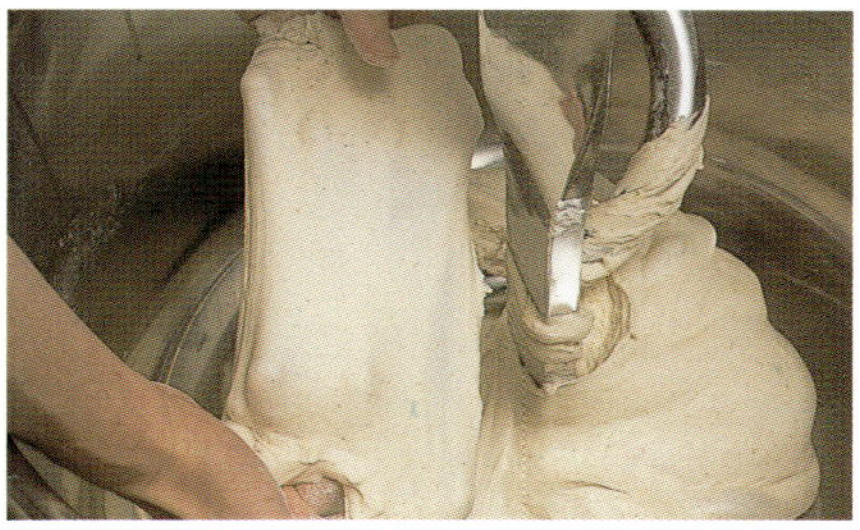

3 ミキシング終了時点。ルポ・オートリーズ後よりもしなやかだが、強すぎない生地。

発酵

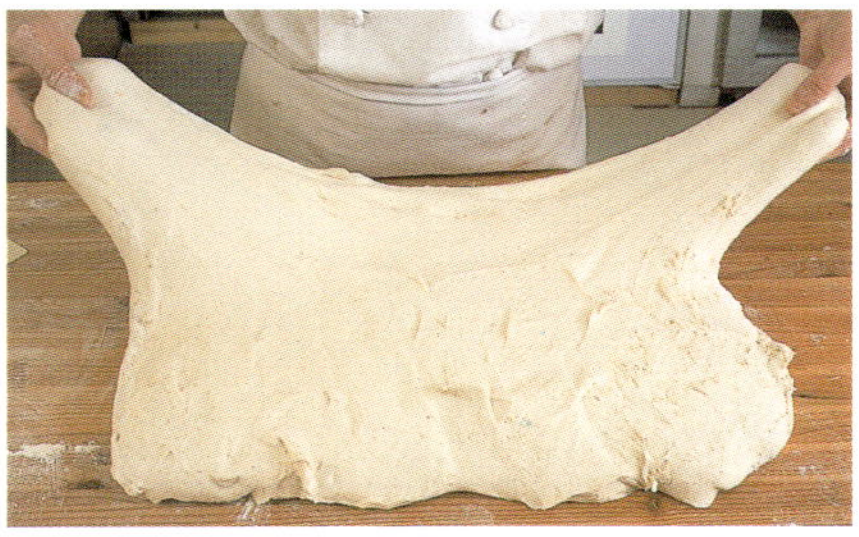

4 発酵を30分とった後、パンチする。ルヴァン・ナチュレール生地の発酵はゆっくり進むので、この段階ではあまり発酵していない。のばす程度でよい。

分割・成形

5 400gに分割。分割丸めは発酵の力を止めないように、形を整えるだけでよい。

配合

■ラフレイシ（かえり種）

ルヴァン・シェフ（親種）…10〜12ｇ（1〜1.2%）
リスドオル（フランスパン専用粉）…55ｇ（5.5%）
水……………………………………28ｇ（2.8%）
＊たて型、L7分、捏ね上げ温度25℃、7時間置く。
＊この全量を次のルヴァン・トゥ・ポワン（仕上げ種）に加える。

■ルヴァン・トゥ・ポワン（仕上げ種）

リスドオル（フランスパン専用粉）135ｇ（13.5%）
ライファイン（ライ麦全粒粉）………50ｇ（ 5%）
水……………………………………94ｇ（9.4%）
＊たて型、L7分、捏ね上げ温度25℃、2時間ぐらい常温で、その後冷蔵庫に入れて一晩寝かせる。

■パート・フィナル（本捏）

リスドオル（フランスパン専用粉）…760ｇ（76%）
サフインスタントドライイースト… 0.6ｇ（0.06%）
塩……………………………………18ｇ（1.8%）
ユーロモルト………………………… 2ｇ（0.2%）
ビタミンC（0.5%水溶液）…… 1ｇ（0.1%）（5ppm）
水……………………………… 560ｇ（56%）

作業工程

前　工　程▶かえり種から仕上げ種を作っておく。
ミキシング▶スパイラル型　L3分⇒ルポ・オートリーズ30分⇒仕上げ種を入れる⇒Ｌ４分（Ｈ30秒）捏ね上げ温度24℃。
発酵時間▶30分⇒パンチ⇒30分（発酵室：26℃、75%）
分　　割▶400g
ベンチタイム▶30分
成　　形▶ブール形、ブロー形
ホ　イ　ロ▶３時間（発酵室：27℃、75%）
焼　　成▶クープを入れ、スチームを入れて焼成。上火250℃、下火230℃でカマ入れした後、上火220℃、下火200℃に落として45分焼成。

ラフレイシ（かえり種）の作り方

（上記配合の項、参照のこと）

ルヴァン・シェフ（親種）

＊配合、作り方はＰ.13参照。
＊ここにリスドオル、水を加えてかえり種を仕込む。

▼

ラフレイシ（かえり種）

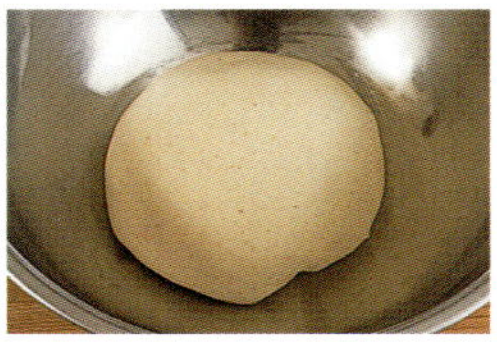

＊7時間後のかえり種の状態。

Pain au seigle

パン・オ・セーグル

ライ麦粉10～65％までのパン配合具合で名称が違う

セーグルとはライ麦のこと。ライ麦はやせた土地でも寒冷地でも育つため、小麦が広く出回るようになるまでは、北部ドイツやロシアなどではライ麦パンが主食でした。ドイツにはプンパニッケルやロッゲンブロートなどライ麦主体のパンもあります。

フランスでは、ライ麦は、オーヴェルニュやアルプス、ピレネー、ジュラ、ブルターニュなどの各地方で栽培され、オーリヤック（オーヴェルニュ地方）では〝ハレ〟の食卓にはバゲットではなく、ライ麦パンが並ぶそうです。パリではカキのシーズンともなると、ライ麦パンの需要がウンと増大します。

また、小麦粉と混ぜて作るのが一般的で、配合によって「パン・オ・セーグル」、「メテイユ」、「パン・ド・セーグル」などと呼ばれます。パン・オ・セーグルはライ麦粉の割合が10％以上65％未満のものをいいます。ここでは、約30％ぐらいのライトな食感のものを紹介しました。薄くスライスしてチーズをのせ、ワインといっしょに食べるとより食べやすくなります。

前工程

1 ライファイン400gと水400gを合わせて一晩冷蔵しておく。こうするとライ麦が水分を吸収するのでライ麦臭が消える。

ミキシング

2 イースト、パート・フェルメンテ以外の材料を入れて回しながら、インスタントドライイーストをふり入れる。

3 低速2分後にパート・フェルメンテを投入。低速1分高速1分でバターを混ぜ、さらに高速1分で終了。ミキシングは材料が軽く混ざる程度。

4 クルミ入りとレーズン入り生地をそれぞれ作る。どちらも対生地16%が適量。

発酵

5 60分の発酵をとった後、パンチをして、さらに30分発酵させる。

分割・成形

6 各250gずつに分割する。

7 丸めた後すぐゆるんでくるので、ベンチを取り過ぎないように。成形は閉じ口を締めて転がすだけ。

ホイロ

8 布ホイロの間隔が狭いと生地の表面が切れやすいので、フランスパンより広めにあけて並べる。

焼成

9 ホイロ過多にならないように気をつけて、プレーンはソシソンのクープを入れて焼成。他の2種もそれぞれクープを入れて、オーヴンに入れる前と後、スチームをたっぷりとかける。

配合

ライファイン（ライ麦全粒粉）… 400g※1（40%）
水……………………………… 400g※2（40%）
※1・2 合わせて一晩冷蔵。
カメリヤ（強力粉）…………600g（60%）
サフインスタントドライイースト…… 7g（0.7%）
塩……………………………… 20g（ 2%）
モルト…………………………… 5g（0.5%）
無塩バター……………………… 50g（ 5%）
水……………………………… 240g（24%）
パート・フェルメンテ（フランスパン発酵生地）
…………………… 250g（25%）

〈アレンジ〉
★セーグル・オ・ノア：対生地16%のクルミ。
★セーグル・オ・レザン：対生地16%のレーズン。

作業工程

前工程▶ライファインと水を合わせて一晩冷蔵しておく。
ミキシング▶スパイラル型 L2分⇒パート・フェルメンテを加える⇒L1分、H1分⇒バターを加える⇒H1分。捏ね上げ温度25℃
発酵時間▶60分⇒パンチ⇒30分（発酵室：27℃、75%）
分割▶250g
ベンチタイム▶15分
成形▶ナマコ形
ホイロ▶60分（発酵室：28℃、75%）
焼成▶スチームは前と後（フランスパンより多めに）。上火240℃、下火230℃で30分焼成。

Pain de méteil

パン・ド・メテイユ

小麦粉50%、ライ麦50%のパン
ナッツやドライフルーツを加えて

メテイユとは小麦とライ麦の混合麦のこと。つまりこのパンは小麦粉とライ麦粉が半分ずつのパンです。

昔、畑に小麦とライ麦の両方をいっしょに種をまき、同じ畑で収穫した粉でパンを作ったことに由来します。ライ麦粉50%なので、ドイツパンのミッシュブロートに相当します。

ここでは、ルヴァン種を配したポーリッシュ種を使いますが、インスタントイーストでも可能です。また、ヴァリエーションとして、クルミとドライフィグを入れたフィグ・エ・ノアを紹介していますが、その他ドライアプリコット、玉ねぎスライス、キャラウェイシードなどもライ麦と相性のいい組み合わせです。

ところで、ライ麦といってもフランスとドイツでは作り方、考え方が大分違うような気がします。ライ麦が多くなれば当然ボリュームは出にくくなるわけですが、フランスではグルテンを添加してでもある程度軽いパンにしますし、焼き方もドイツほどは焼きこまない。同じ素材を使ったパンでも、そこに国民性の違いが感じられて面白いのですが、ここではドンク流にアレンジしました。

ともあれ、ライ麦にはビタミン、ミネラル類も豊富で繊維分も多く含まれます。外観から敬遠されがちですが、もっと食べられてもいいパンです。

配合

■ポーリッシュ種

NR-1（ライ麦粉）…………………… 300 g（30%）
ライファイン（ライ麦全粒粉）………100 g（10%）
ルヴァン・トゥ・ポワン(仕上げ種)※……10 g（ 1%）
※配合および作り方はP.36を参照のこと。
水……………………………………… 400 g（40%）
＊手混ぜ。25℃　12時間。

■パート・フィナル（本捏）

NR-1（ライ麦粉）…………………… 100 g（10%）
リスドオル（強力粉）…………………500 g（50%）
サフインスタントドライイースト…… 5 g（0.5%）
塩……………………………………… 20 g（ 2%）
水……………………………………… 250 g（25%）
〈アレンジ〉
★フィグ・エ・ノア：生地1000 gに対してクルミ100 g、ドライフィグ150 g

作業工程

前　工　程▶ポーリッシュ種を作っておく。
ミキシング▶たて型Ｌ５分⇒フィグ・エ・ノアの場合はここでクルミとドライフィグを加えてＭ１分。捏ね上げ温度25℃。
発 酵 時 間▶10分（発酵室：27℃、75%）
分　　　割▶250 g
ベンチタイム▶10分
成　　　形▶ナマコ形
ホ　イ　ロ▶60分（発酵室：28℃、75%）
焼　　　成▶スチームは前と後（フランスパンより多めに）。上火240℃、下火230℃で30分焼成。

前工程

1　ポーリッシュ種が12時間たって完熟した状態。ここにライ麦が400 g含まれているので、本捏の100 gと合わせて小麦と同量の500 gになる。

ミキシング

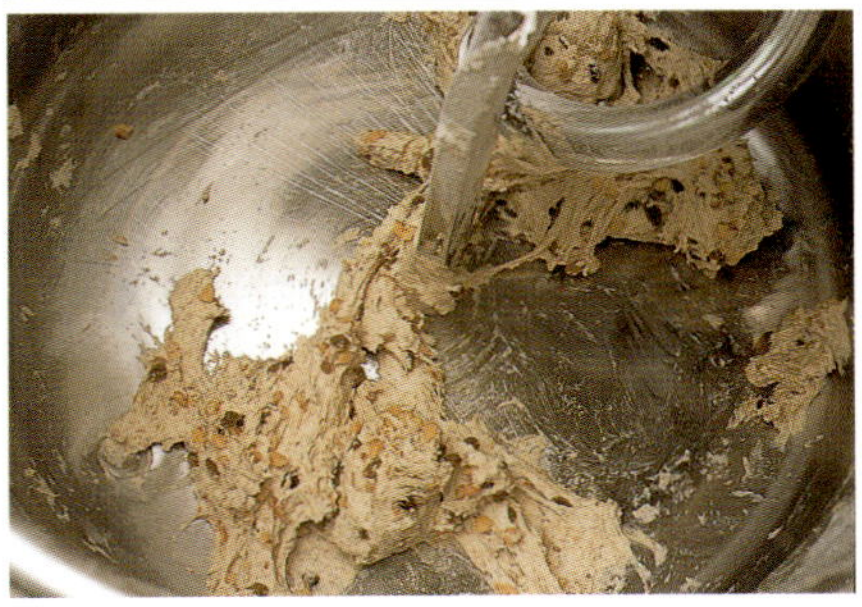

2　ミキシングは材料が均一に混ざればよい。インスタントドライイーストはミキサーがまわり始めてからふり入れる。低速５分で止めればプレーンの生地。フィグ・エ・ノアにする場合は、クルミとドライフィグを加えて、さらに中速１分。

発酵

3　発酵時間は10分。

分割・成形

4　250 gに分割。分割後のベンチも10分程度休ませるだけ。すぐにゆるんでくる。

5　成形も閉じ口を押さえるだけ。生地がゆるいので、フランスパンのように締めることはできない。

ホイロ

6　布ホイロの隙間をゆったりとる。

焼成

7　ホイロ過多に注意。カマ入れ前にガス抜きのために穴をあけたり、クープを入れる。

8　フィグ・エ・ノアには木の葉状にクープを入れる。
7のプレーンとともにスチームをかけたオーヴンに入れ、そのあともスチームはたっぷりかけ、上火240℃、下火230℃で30分焼成する。

Pain de seigle
パン・ド・セーグル

作業工程

前　工　程▶ ルヴァン・ド・パートを作っておく。18時間をかけてゆっくり発酵させる。

ミキシング▶ たて型。pH調整のためにワインヴィネガーを使う。インスタントドライイーストはミキサーをまわし始めてから振り入れるが、その他は一度に入れる。材料が混ざる程度にL 5分ミキシング。捏ね上げ温度24℃。

発酵時間▶ 30分（発酵室：27℃、75％）

分　　割▶ ナマコ形200ｇ、丸形250gに分割。生地がベとつくので、ライ麦の打ち粉を多めに。

ベンチタイム▶ 15分

成　　形▶ ナマコ形と小さな丸形に成形。

ホ　イ　ロ▶ 60分（発酵室：28℃、75％）

焼　　成▶ クープを入れて焼成。成形直後にクープを入れておく方法もある。スチームは前に少し、後にたっぷり。上火 240℃、下火230℃で25分。

配合

■ルヴァン・ド・パート

リスドオル（フランスパン専用粉）	1000ｇ
塩	18ｇ
水	660ｇ
パート・フェルメンテ（フランスパン発酵生地）	50ｇ

＊スパイラル型 L 5分ミキシング。捏ね上げ温度21℃で18時間（室温22℃前後）。

■パート・フィナル（本捏）

NR-1（ライ麦粉）	650ｇ	（65％）
サフインスタントドライイースト	5ｇ	（0.5％）
塩	13ｇ	（1.3％）
ワインヴィネガー	10ｇ	（1％）
水	630ｇ	（63％）
上記ルヴァン・ド・パートのうち	600ｇ※	（60％）

※リスドオル350ｇ（35％）含む

ライ麦65％以上のパン
マイルドな酸味ある独特の風味

　ライ麦パンのことを総称してパン・ド・セーグルと呼ぶこともありますが、厳密にはライ麦が65％以上含まれるパンのことをいいます。全体に褐色の、目の詰まった重ためのパンになるため、フランスではグルテンを添加してボリュームを確保するのが一般的ですが、ここではあえて加えていません。ほんのりとした酸味のある独特の風味があります。

　ライ麦の使用量の多いパンは何らかの方法で、生地のpHを下げる必要があるのですが、ここではルヴァン・ド・パートを用い、ワインヴィネガーで補っています。これによって、ライ麦特有の風味が引き出され、粉そのものがもつ臭みを消すことにもなります。

　ライ麦のタンパク質はグルテンを形成しないので、カマのなかで早めに表面を糊化させるために、スチームをたっぷりかけてやることが必要です。

Pain complet

パン・コンプレ

作業工程

前　工　程▶ルヴァン・ド・パートを用意しておく。本捏の1時間前にグラハム粉を湯につけて吸水させておく。

ミキシング▶スパイラル型。L6分。捏ね上げ温度24℃。

発酵時間▶60分⇒生地の状態を見て、軟らかすぎたり、力不足なようだったらパンチする⇒30分(発酵室：27℃、75%)

分　　割▶250g、60g

ベンチタイム▶30分

成　　形▶ナマコ形大小に成形する。成形時の力が強すぎるとホイロ時に生地割れが起こることがあるので注意。

ホ　イ　ロ▶60分（発酵室：28℃、75%）

焼　　成▶スリップピールにのせ、クープを入れ、スチームを入れて焼成。上火240℃、下火230℃で30分。表面が褐色になるまで充分焼成する。

配合

■ルヴァン・ド・パート

リスドオル（フランスパン専用粉）………1000g
塩……………………………………………18g
水……………………………………………660g
パート・フェルメンテ（フランスパン発酵生地）
……………………………………50g

＊スパイラル型 L5分ミキシング。捏ね上げ温度21℃で18時間（室温22℃前後）。

■パート・フィナル（本捏）

グラハム粉（粗挽き全粒粉）………150g（15%）※1
湯（約80℃）…………………………150g（15%）※2
※1、2は仕込みの1時間前に合わせて冷ましておく。
グラハムブレッドフラワー（全粒粉）300g（30%）
リスドオル（フランスパン専用粉）…400g（40%）
サフインスタントドライイースト……6g（0.6%）
塩……………………………………20g（2%）
モルト…………………………………2g（0.2%）
水……………………………………440g（44%）
上記ルヴァン・ド・パートのうち……260g※3（26%）
※3はリスドオル150g（15%）含む

栄養的に優れた
ふすまや胚芽も入った
全粒粉パン

コンプレは“完全な”という意味で、パン・コンプレとはふすまや胚芽が入った小麦の全粒粉を使ったパンのことです。

全粒粉は小麦粉としての等級は落ちますが、外皮や胚芽にはビタミンやミネラルが多いため、栄養的には優れたパンになります。ただ、全粒粉100%だと、ボリュームのない重いパンになり、またくせも強すぎるので、全粒粉の量は加減した方がいいでしょう。

また、全粒粉の臭みを消すためにも、焼成はしっかりと。今回使用したグラハム粉の粒々が香ばしさを醸しだし、ヘルシーなイメージをかきたてます。

Pain de Beaucaire

パン・ド・ボケール

作業工程

前　工　程▶仕上げ種、ルヴァン・ルヴュールを準備する。

ミキシング▶スパイラル型　L3分⇒休10分⇒塩、仕上げ種、ルヴァン・ルヴュールを加える。⇒L 4分。捏ね上げ温度24℃。

発酵時間▶30分（発酵室：27℃、75%）。

分　　割▶生地を二つに大分割し、三つ折りして形を整えておく。

ベンチタイム▶30分

成　　形▶二つの生地をそれぞれ長方形にめん棒でのばし、片方に水をぬって、2枚張り合わせる。休ませてからのばし、ここでは300gに端からカットしていく。カットしたものを(生地2枚の）接着面が上から見えるようにおこしてホイロをとる。

ホ　イ　ロ▶90分

焼　　成▶刷毛で水塗りしてカマ入れ。スチームなし。はじめ上火260℃、下火250℃にセットし、生地を入れたら上火230℃、下火220℃に下げる。

配合

■ルヴァン・ルヴュール

リスドオル（フランスパン専用粉）…300 g（30%）
水………………………………………… 165 g（16.5%）
サフインスタントドライイースト…0.6 g（0.06%）
ユーロモルト…………………………0.6 g（0.06%）
＊たて型ミキサー　L 2分⇒休5分⇒L 2分でミキシング。捏ね上げ温度24℃。
2時間発酵させた後、冷蔵（5℃）。

■パート・フィナル（本捏）

リスドオル（フランスパン専用粉）…400 g（40%）
グラハムブレッドフラワー（全粒粉）100 g（10%）
サフインスタントドライイースト…2.4 g（0.24%）
塩……………………………………… 20 g（2%）
ユーロモルト………………………… 2.4 g（0.24%）
ハチミツ……………………………… 3 g（0.3%）
水 …………………………………… 365 g（36.5%）
ルヴァン・トゥ・ポワン（仕上げ種）※1
……………………300 g※2（30%）
※1仕上げ種の配合および作り方はP.37を参照のこと
※2リスドオル　200 g（20%）含む
上記ルヴァン・ルヴュール………… 466 g（46.6%）

成形が独特
ファンデュの原型か？

ファンデュの原型ともいわれるのが、このパン・ド・ボケール。地中海沿岸のプロヴァンス地方、ガール県、コートダジュールにかけての地域で作られていたものです。

ボケールはアヴィニョンから20km南西よりの町の名前。昭和58年に来日したマリウス・デュマ氏がこのパンを日本に初めて紹介しました。デュマ氏の店（下写真）はアヴィニョン近郊で300年以上も続いている老舗で、当時でも1200本のパン・ド・ボケールを日産していたといいます。

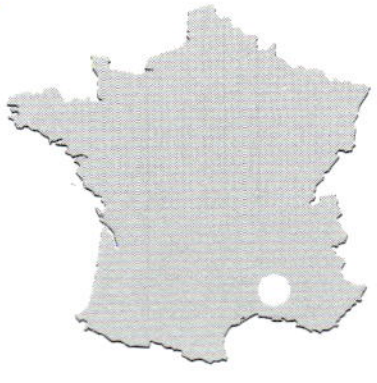

Pain de Lodève
パン・ド・ロデヴ

作業工程

前　工　程▶仕上げ種を用意する。

ミキシング▶たて型　最初は吸水量の70%からはじめ、Ｌ５分⇒ＬＭで15〜25分。この間に残りの水を少しずつ足していく。捏ね上げ温度24℃。

発酵時間▶60分⇒パンチ⇒60分⇒パンチ⇒60分。(発酵室：27℃、75%)

分割(＝成形)▶400gに切り分け、バヌトンに入れるか、麻のシートに粉をふって並べる。

ホ　イ　ロ▶40〜50分(発酵室：28℃、75%)

焼　　　成▶スチームは前に少しだけ。はじめ上火･下火とも260℃にセットしておき、カマ入れ後10分で上下とも切る。焼成時間は40分。

配合

リスドオル（フランスパン専用粉）…700ｇ（70%）
オーション（強力粉）…………………300ｇ（30%）
サフインスタントドライイースト ……２ｇ（0.2%）
塩 ……………………………………………25ｇ（2.5%）
ユーロモルト………………………………２ｇ（0.2%）
水 ………………………………………… 880ｇ（88%）
ルヴァン・トゥ・ポワン（仕上げ種）※
…………………………300ｇ（30%）

※仕上げ種の配合および作り方はP.37を参照のこと。

計量も成形もなし
パンの上に鉛筆で値段記す

ロデヴはモンペリエから約40㎞北西にある小さな町の名前。その町の名を冠したこのパンは、計量も成形もしないことで有名です。

捏ね終えたら、布張りの柳の籠（パイヤス）に入れて発酵させたので、パン・ド・パイヤスという呼び方もあります。発酵後は適当な大きさに切り分けて、ピールでカマ入れします。現地では昔、焼きあがったパンの上に直接鉛筆で値段が書かれていたそうです。

Pain brié
パン・ブリエ

作業工程

前　工　程▶ 仕上げ種、ルヴァン・ルヴュールを用意する。

ミキシング▶ スパイラル型。オールインミックス。L 3分⇒休 5 分⇒Lで4分。捏ね上げ温度24℃。

発 酵 時 間▶ 30分（発酵室：27℃、75％）。

分　　　割▶ 200gと100gに分割。

ベンチタイム▶ 30分

成　　　形▶ ナマコ形

ホ　イ　ロ▶ 90分（発酵室：28℃、75％）。

焼　　　成▶ クープを入れ、スチームを入れて焼成。はじめ上火260℃、下火250℃にセットし、生地を入れたら上火240℃、下火220℃に下げる。焼成時間25分。

配合

■ルヴァン・ルヴュール

リスドオル（フランスパン専用粉）…500 g（50％）
水 ……275 g（27.5％）
サフインスタントイースト…… 1 g（0.1％）
ユーロモルト…… 1 g（0.1％）
＊ たて型ミキサー　L 2 分⇒休5分⇒L 2分でミキシング。捏ね上げ温度24℃。
2 時間発酵させた後、冷蔵（5 ℃）。

■パート・フィナル（本捏）

リスドオル（フランスパン専用粉）…350 g（35％）
グラハムブレッドフラワー（全粒粉）…50 g（5％）
サフインスタントイースト…… 2 g（0.2％）
塩……20 g（2％）
ユーロモルト…… 3 g（0.3％）
ハチミツ…… 5 g（0.5％）
バター…… 3 g（0.3％）
水……225 g（22.5％）
ルヴァン・トゥ・ポワン（仕上げ種）※1
……150 g ※2（15％）
※1 仕上げ種の配合および作り方はP.37を参照のこと
※2 リスドオル100 g（10％）含む
上記ルヴァン・ルヴュール……777 g（77.7％）

日持ちがいい海の男たちのパン 地中海沿岸でも散見

ノルマンディ地方のスペシャリテ。生地を非常に硬く仕込むため、目の詰まったパンになります。そのおかげで日持ちがよく、ノルマンディの漁師たちは、漁に出る時にはこのパンを積み込んで航海中の食料としたようです。海のネットワークで製法が伝わったのかどうか、イタリアやスペイン、北アフリカでも見られるとのこと。

バゲット同様どの料理にも合いますが、軽くトーストして朝食用にしたり、同じ地方出身のカマンベールチーズとの相性もピッタリです。

Berawaka

ベラベッカ

作業工程

ミキシング▶ たて型　中生地の前日マリネしたものにパート・フェルメンテを入れてフランスパン生地が均一に混ざるまでＬ５分。捏ね上げ温度24℃。

発酵時間▶ ２時間（発酵室：27℃、75％）。

分　　割▶ 400gに分割。ここで長さを整え、23㎝の棒状にしておく。

ベンチタイム▶ ２時間（中生地分割後90分で外生地が捏ね上がるようにする。）

成　　形▶ 外生地を薄くのばして、中生地をのせ、周りの生地を引っ張りながら、閉じ目部分の生地がほかの部分と同じ厚さになるように、閉じ口を合わせていく。きれいに包み終わったら、天板にのせ、とき卵を塗ってピケする。

焼　　成▶ 180℃で40分。

配合

[外生地]

カメリヤ（強力粉）	1000ｇ（100％）
生イースト	30ｇ（ 3％）
塩	20ｇ（ 2％）
砂糖	80ｇ（ 8％）
ユーロモルト	5ｇ（0.5％）
バター	80ｇ（ 8％）
牛乳	750ｇ（75％）

＊たて型ミキサー　Ｌ３分⇒LM５分⇒バターを加える⇒LM４分。捏ね上げ温度27℃。フロアタイム20分で120ｇに分割。
＊他の製品用仕込み生地を若いうちに分割して、ベラベッカの外生地に流用することもできる。

[中生地]

ドライポワール	500ｇ
ドライプルーン	300ｇ
ドライフィグ	200ｇ
レーズン	300ｇ
オレンジピール	70ｇ
シトロンピール	60ｇ
クルミ（ロースト）	200ｇ
アーモンドアッシュ（ロースト）	150ｇ
ハチミツ	150ｇ
キルシュワッサー	100ｇ
赤ワイン	250ｇ
アニス	1ｇ
ナツメグ	1ｇ
コリアンダー	1ｇ
クローヴ	0.2ｇ
シナモン	10ｇ
パート・フェルメンテ（フランスパン発酵生地）	950ｇ

＊フランスパン発酵生地以外の材料を前日にマリネしておく。

ポワールが不可欠クリスマス用のお菓子

一般的にはパン・オ・フリュイとして知られている、アルザス地方のちょっとぜいたくなクリスマス用のお菓子です。ベラベッカとは、アルザス地方の言葉で“ポワールのパン”という意味です。したがって、このパンにはプルーン、フィグ、レーズンなどたくさんのフルーツが入っていますが、ポワール（洋ナシ）を欠かすことはできません。

これらのフルーツは乾燥させたものを使います。大量に使うだけに、値段にひびきますが、質のいいものを選ぶことが大切です。よく売れる店では、生地を樽で大量に仕込んで、大きさの違うものを３～４種類作り、12月の初めごろから売り始めるそうです。

Croissant

クロワッサン

トルコとの戦勝記念の三日月パンよりパイ的なものが今日風

クロワッサンは〝三日月〟のこと。このパンの原型が作られたのは１６８３年のウィーンにさかのぼります。当時、ウィーンはトルコ人によって包囲され、それを阻もうとする激しい戦いが続いていました。膠着《こうちゃく》状態が続く戦いの中で、どんな駆け引きがあったのか、どんな英雄的行為があったのか、はたまたどんな機知が働いたのか……。クロワッサン誕生の経緯については諸説あり、ここで詳しく説明している余裕はありませんが、とにかく、勝利したウィーンの人が、オスマン・トルコの象徴である三日月を形どったパンを作ったのが始まりとされています。そしてこのパンをフランスにもたらしたのは、ルイ16世に嫁いだマリーアントワネットだったとも。

しかしながら、当時のクロワッサンは折込み生地ではありませんでした。それが今のようになるのは20世紀初頭のこと。ウィーンから伝わったパンがフランスで独特の発展をとげ、今ではフランスを代表するパンのひとつになりました。最近の流行では、バターの量が多く、生地の層が1枚1枚立ち上がって、食べるとパラパラはがれるのがクロワッサンらしいクロワッサンということになってきています。バターが増えれば増えるほど、しっかり焼くことが大切です。

6　包み終わったところで、生地の合わせ目をめん棒でしっかり押さえる。四つの辺にも上からめん棒を当て、バターが回るようにする。

7　リバースシーターにかけて三つ折りして冷凍庫で15分休ませ、再度三つ折りして冷凍庫で60分休ませ、最後にもう一度三つ折りして、冷凍庫で60分休ませる。

分割・成形

8　最終厚2.5mmにのばして、二等辺三角形（底辺12cm×高さ16cm）にカット。1個50g相当。

9　三角形の頂点を手前に置き、手に粉をつけて、底辺から手前の方に巻いてくる。

10　生地を少し引張り気味にし、切断面に触らないように注意する。

ミキシング

1　折込み用バター以外の材料を一度に入れる。インスタントドライイーストは30℃ぐらいのお湯でさっと溶き、すぐ加える。

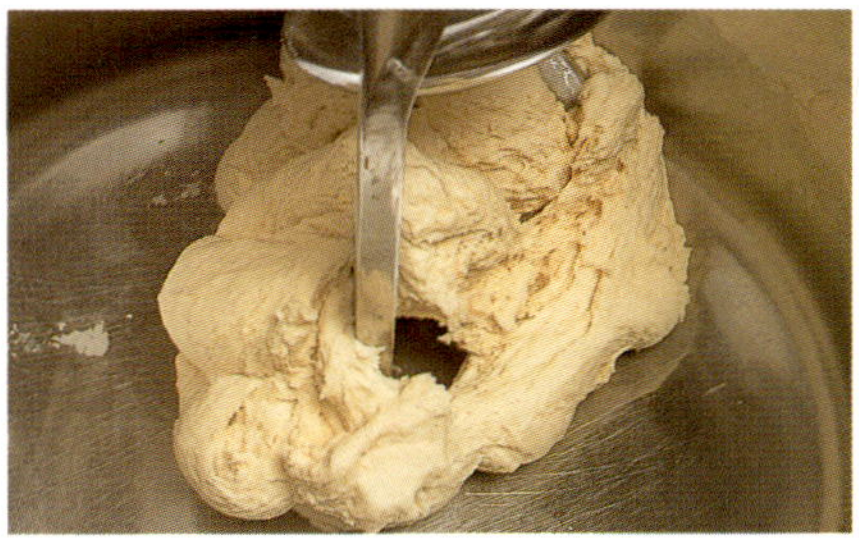

2　ミキシング終了時点の生地。リバースシーターの往復作用でグルテンも形成されるので、ミキシングはあまりかけない。

発酵

3　発酵を60分とった後、大分割してビニールをかけ、0℃で一晩冷蔵。

折込み

4　オーバーナイトさせた生地をシートバターよりやや大きめの正方形にのばし、四隅をめん棒でうすく伸ばす。

5　真中にシートバターをのせて、うすくのばした生地で包んでいく。

配合

リスドオル（フランスパン専用粉）	1000 g（100%）
サフインスタントドライイースト	11 g（1.1%）
塩	20 g（2%）
砂糖	70 g（7%）
脱脂粉乳	30 g（3%）
ユーロモルト	5 g（0.5%）
無塩バター	50 g（5%）
水	580 g（58%）
折込みバター	500 g（対生地28%）

作業工程

前　工　程▶吸水量の中から55gの湯（30℃）を作り、インスタントドライイーストを溶かしておく。ミキシング開始時点ですぐ使用。バターは粉と合わせておく。

ミキシング▶スパイラル型。L 4分。捏ね上げ温度24℃。

発酵時間▶60分（発酵室：27℃、75%）⇒0℃で一晩冷蔵。

折　込　み▶翌日、折込みバターを包み込み、三つ折りにし、冷凍庫で15分休ませる。もう一度三つ折りにして冷凍庫で60分休ませる。3回目の三つ折りをして、冷凍庫で60分。

成　　形▶最終2.5mm厚にのばして、二等辺三角形にカット（1個50gの場合、底辺12cm×高さ16cm）。少し引張り気味に、切断面を触らないように底辺から巻いていく。

ホ　イ　ロ▶90分（発酵室：28℃、75%）

焼　　成▶ホイロ後溶き卵をぬる。スチームなし。上火235℃、下火225℃で15分。

クロワッサン生地を使ったヴァリエーション

Feuilletée à la pâte de croissant

クロワッサン生地のフィユテ

クロワッサンの残り生地を集めてもう一度バターを折込み、パイ並みの生地を作ります。ここにアーモンドスライス、グラニュー糖をのせて焼くだけ。ほとんどホイロをとらずに焼くとよりパイ風になります。

1 クロワッサンの残り生地にもう一度バターを折り込んだ生地を作り、ピケする。0.75cm厚にのばして、溶き卵をぬって、その上にアーモンドスライスをのせる。

2 アーモンドスライスをしっかり押さえてから、グラニュー糖をふる。

3 10cm×5cmにカット。パイ風にする時はほとんどホイロをとらず、すぐ焼成する。180℃で25分。

Brunchettes au Gruyère

ブランシェット・オ・グリュイエール

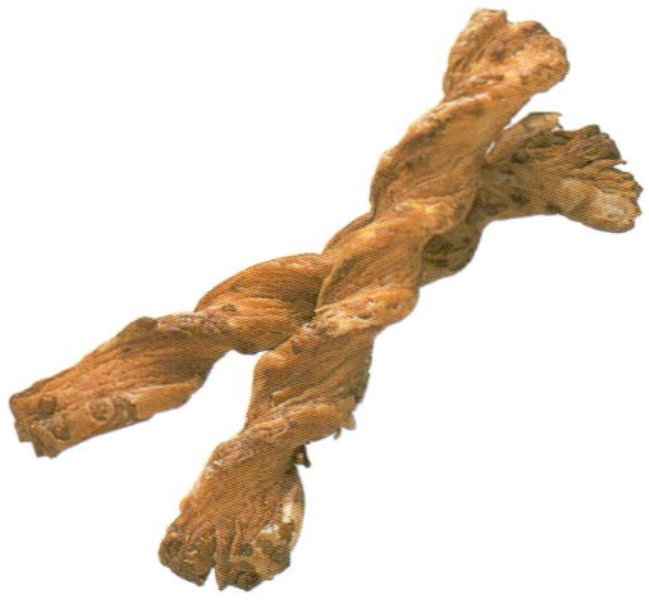

クロワッサン生地にグリュイエールチーズを練りこんで、短冊状に切り、ひねりを入れてカリカリに焼いたものです。ひねりが元に戻らないように水を吹き付けた天板に並べます。チーズを焼いた時の香ばしい香りが魅力的で、おつまみにピッタリ。その他のチーズでも作れます。

1 グリュイエールを練りこんだ生地にバターを三つ折り3回折込み、最終厚4.5mmまでのばす。これを12cm幅の帯にして2段重ねにし、幅6cm（1個6ｇ）の短冊状にカットする。

2 ひねりを加えて、生地が元に戻らないように、両端をギュッと押さえる。

3 あらかじめ霧吹きで水を吹きかけておいた天板に並べる。ここでも端を押さえる。180℃で20分焼成。

11 クロワッサン・オリジネールにする場合は、生地が乾かないように気をつけながら少し休ませて、両端を曲げる。

焼成

12 ホイロを90分とった後、室温で表面を少し乾燥させてから、溶き卵を塗る。

13 クロワッサン・オリジネールの塗り卵。クロワッサン・オリジネールの場合、コーティングしてある天板で焼くと、端がはねて元に戻ろうとするので、コーティングなしの天板を使う方がよい。

Check

ホイロの温度が高いと、バターが溶け出すので注意。28℃くらいが適温。マーガリンの場合は、34〜35℃でも溶けない。

Caramel pomme
キャラメル・ポム

リンゴをバターソテーしたものをカラメルソースとあわせ、クロワッサン生地の上にのせて、パンドリーナ型で焼いたものです。カラメルソースは、グラニュー糖を煮詰めてカラメルにしたものを生クリームでゆるめて使います。

1　クロワッサン生地を９㎝の正方形にカットして、バターソテーしたリンゴにカラメルをあわせたものをのせる。

2　パンドリーナ型に入れて、235℃で15分焼成。

3　焼成後、粉糖をふって仕上げる。

Croissant Opéra
オペラ風クロワッサン

クロワッサン生地にガナッシュクリームとクレームダマンドを絞って焼成後、モカ風味のクレーム・オ・ブールをしぼり、ムラングショコラをのせます。ムラングショコラは、卵白、グラニュー糖、粉糖、ココアパウダーで作り、細い丸口金で天板にしぼって、捨て窯で一晩焼いておきます。

1　クロワッサン生地を9.5㎝の正方形にカットしたものに、ガナッシュクリームとクレームダマンドをしぼる。

2　パンドリーナ型に入れて、235℃で15分焼成。

3　焼成後、モカのクレーム・オ・ブールをしぼり、ムラングショコラをのせる。

Chocolat menthe
ショコラ・マント

クレームダマンド、チョコレート、ミントの刻みをクロワッサン生地で巻いたものです。クレームダマンドにはバター、粉糖、全卵、皮つきアーモンドパウダー(ロースト)、ラム酒が入っています。

1　クロワッサン生地を20㎝の帯に切り、クレームダマンドをぬる。

2　その上にクーヴェルチュールの刻みとミントの刻みをのせ、両端から巻いて、中央で合わせる。

3　これを11㎝の長さにカットして、ＩＦトレーなどに入れて焼成。235℃で15分。

Brioche à tête

ブリオッシュ・ア・テット

最もリッチな生地で作るパンのひとつ 各地に様々なヴァリエーションが

ブリオッシュは、バター、卵、砂糖がまざった、最もリッチな生地で作るパンの部類に属します。

本来は菓子の一種だったようで、フランスにまだ王がいた頃に、飢えで苦しんでいる民衆をみて、さる高貴な女性が「パンがないならお菓子を食べたらいいのに」と言ったというそのお菓子とは、ブリオッシュをさしていたそうです。もっとも、最近の研究によると、その高貴な女性とは、どうやら、巷に流布されているマリー・アントワネットではないらしいのですが。

加糖タイプのものとしては、フランスでは最も古くからあり、ブリオッシュ・ヴァンデーヌやポーニュ・ド・ロマンなど、各地に独自の配合で作られたものが残っています。昔はバターの代わりにオリーヴオイルが、香料にはオレンジ・フラワー・ウォーターが使われたようで今でもその名残がみられます。

アルザスのクグロフ、新年の公現祭に食べるガトー・デ・ロワもブリオッシュのヴァリエーションにあたります。形としては頭をちょこっと出したア・テットが一般的ですが、54ページで紹介している王冠形、円筒形、直方体形などもあります。ブリオッシュはフォアグラやソーセージと合わせてオードヴルにするなど、フランスでは幅広く利用されています。

6　丸めた生地を転がしながら、生地を傷めないようにくびれを作り、ちぎれない程度に細くする。

7　親指、人差し指、中指の３本で円周の３等分になるように頭のくびれ部分をつまんで型に入れ、指先が型の底面に着くまで押す。

8　３本の指で押した以外の部分を押す。この時、あまり生地をいじり過ぎないように注意する。いじり過ぎるとカマのびせず、頭が沈んでしまう（写真下左）。

焼成

9　塗り卵をした後、あらかじめ焼いた天板に移して焼成。焼成は、フランスパンを焼くときの温度セットのオーヴンにいれた後、上火を200℃にセットしなおして約10分。低い温度で長く焼かないように。焼いた天板に移すことをしなかった場合は、焼きムラができやすく、底の方に焼き色がつかないので火のとおりが悪い（写真下左）。

ミキシング

1　軽くミキシングした後、オートリーズを20分とった生地に生イーストと塩を加える。

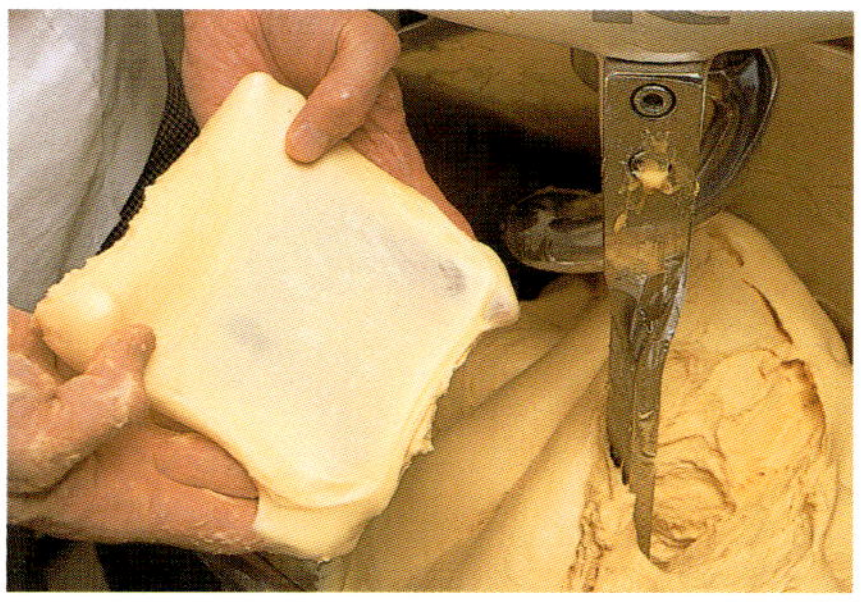

2　１に低速2分、高速3分のミキシングをかけた後の生地。

3　ここでバターを加え、さらに低速で４分。バターが混ざれば終了。

発酵

4　90分の発酵の後、パンチをする。30分休ませた後、３℃で冷蔵して一晩置く。

分割・成形

5　35ｇに分割。分割丸めは生地を締める必要はないので、表面がなめらかになればよい。ベンチタイムは約20分。

配合

カメリヤ（強力粉）	1000ｇ（100%）
生イースト	30ｇ（3%）
塩	20ｇ（2%）
砂糖	100ｇ（10%）
全卵	300ｇ（30%）
卵黄	100ｇ（10%）
牛乳	350ｇ（35%）
無塩バター	500ｇ（50%）

作業工程

ミキシング▶ スパイラル型。塩、生イースト、バター以外の材料を入れてＬ２分⇒オートリーズ20分⇒塩、生イーストを入れる⇒Ｌ２分、Ｈ３分⇒バターを入れる⇒Ｌ４分。捏ね上げ温度24℃。

発酵時間▶ 90分⇒パンチ⇒30分（発酵室：27℃、75%）⇒3℃で一晩冷蔵。

分割▶ ア・テット35g

ベンチタイム▶ 20分

成形▶ ア・テット形

ホイロ▶ 90分（発酵室：28℃、75%）

焼成▶ ホイロ後溶き卵をぬる。あらかじめ焼いた天板に移して、フランスパン焼成温度のカマに入れ、上火200℃にセットして10分。

Brioche feuilletée

（ブリオッシュ・フィユテ）

ブリオッシュ生地 1000gに折込みバター 250gを包み、四つ折りを2回繰り返したもの。この生地はいろいろなものに応用でき、P.55のガスコンはその一例。

Brioche mousselinne

ブリオッシュ・ムスリンヌ

最もリッチな配合で作るブリオッシュです。バター70%という非常にぜいたくな生地を、円筒形の型に入れて焼きます。いい焼き上がりのものは、生地がたて方向にまっすぐに伸びています。

1　ムスリンヌ用のブリオッシュ生地を丸めて、テフロンコーティングしたクッキングシートに包み、円筒型に入れ、上からよく押さえる。

2　ホイロ後、十字にハサミを入れてくぼみを作り、焼成。ボンガードオーヴン最上段で上火下火とも240℃にしておき、カマ入れ後、上火200℃にセットしなおす。25分焼成。

Check

ムスリンヌはたて方向にのびるのが望ましい。写真のようにサイドの焼きが甘いと、腰折れしてしまう。

Brioche de Nanterre

ブリオッシュ・ド・ナンテール

パリの西方郊外の町、ナンテールのブリオッシュ。普通のブリオッシュ生地の配合よりもバターが60%とリッチな生地から作ります。生地にハサミを入れて８山にする方法と、最初から８玉作って連結させる方法があります。

1　ナンテール用のブリオッシュ生地を丸めて、型に入れる。４つの俵型を入れるのと８つの丸型を入れるのと２種の製法がある。

2　若目のホイロ後、溶き卵をぬり、４つの俵型を入れたものは真中にハサミを入れて８つの山形にして焼成。上火210℃、下火240℃で15分。

ブリオッシュ型各種。右からア・テット用大小、ナンテール用、ムスリンヌ用。

Brioche couronne

ブリオッシュ・クーロンヌ

王冠型のブリオッシュ。１個250gに分割したものに穴をあけて王冠型にし、焼成前にハサミで切り込みをいれたものです。この切り込みはパン・オ・レなどでもおなじみで、トゲが出たようになることからピコ（picot＝トゲ）と呼ばれます。

1　プレーンのブリオッシュ生地を250ｇに分割し、指または肘で穴をあけて、生地を締めながら、穴を広げていく。

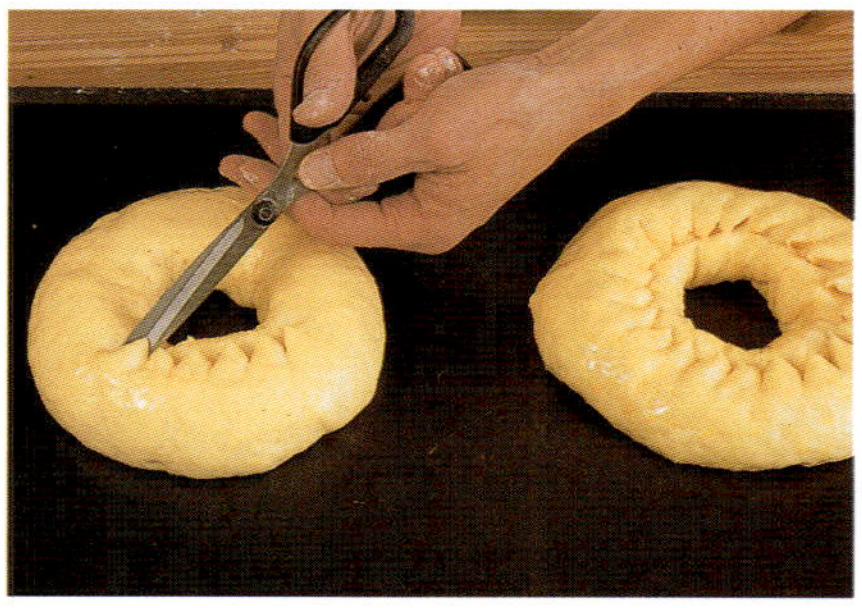

2　ホイロ後溶き卵をぬり、ハサミに水をつけながら、生地をカッティングしていく。

3　あられ糖をふって、235℃で15分焼成。

Brioche au Munster

ブリオッシュ・オ・マンステール

バターソテーしたジャガイモのスライス、生クリーム、そしてマンステールチーズを、ブリオッシュ生地でサンドイッチにしたものです。ジャガイモにチーズというぴったりの組み合わせ。マンステールの強烈な匂いと清涼感のあるクミンもよく合います。

1　ブリオッシュ生地を2㎜厚にのばして、食型の底面の大きさに切り、もう1枚上生地用に各辺2㎜ずつ大きく切ったものを準備しておく。最初の生地を食型の上にしき、スライスして火を通したジャガイモ、生クリーム、マンステールチーズをのせる。

2　上生地をかぶせて、ナイフで切れ目を入れる。

3　ホイロ後、溶き卵をぬり、クミンシードをふる。上火230℃、下火245℃で20分焼成。

Brioche châtaigne

ブリオッシュ・シャテーニュ

栗形に成形したブリオッシュ。中はマロンピューレ、マロンプチカッセ、アーモンドパウダー、ラム酒をあわせたもの。栗の下部をイメージして、部分的にチョコレートをつけてあられ糖を付着させます。

1　ブリオッシュ生地30ｇをめん棒で平らにのばして、真中にマロンピューレ、マロンプチカッセ、アーモンドパウダー、ラム酒をあわせたものを入れて、栗の形に包み込む。

2　焼成前に溶き卵をぬる。235℃で15分間焼成。

3　焼成後、テンパリング済みのラクテに下の方だけつけて、あられ糖を付着させる。

Gascon

ガスコン

別名“アジャン産プリュノーのブリオッシュ・フィユテ”。ブリオッシュ・フィユテ生地にアジャン産プルーン(ロッテガロンヌ商会扱い）のペーストを巻き込んだものです。焼成後、中央に紙などの帯をおいて、粉糖を振ってもいいでしょう。

1　直径10㎝の棒状にしたブリオッシュ・フィユテ生地を1.5㎝幅にカットし、めん棒で2.5㎜厚の楕円形にのばす。

2　1にクレームダマンド、プラムのペースト状にしたものと四つ切にしたもの、松の実をのせる。端に溶き卵をぬって、折りたたむ。

3　ホイロ後、溶き卵はぬらず、235℃で15分焼成。

Brioches Vendéenne

ブリオッシュ・ヴァンデーヌ

結婚式のお祝いなどに今ではリゾートホテルの定番

ロワール川下流の街、ナントの南に位置するヴァンデ地方のスペシャリテです。もともとは、普通のフランスパン生地に砂糖、卵を入れてリッチにしたものから発展したようで、普通のパンとはちがって、お祝いの時などに食べる〝パレ〟の食べ物でした。

フランス各地にそれぞれ独自の配合をもったブリオッシュのヴァリエーションが見られますが、ヴァンデ地方のこのブリオッシュは、普通のブリオッシュよりも糖分が多く、バターは少なめになります。食型で焼いたり、編みパンにすることが多く、結婚式のお祝いには、大型の編んだ生地を王冠型に入れて焼いたものが使われたりもします。注文が入るとここが腕の見せ所とばかり、パン屋は大張り切りです。

ヴァンデ地方には大西洋を臨むレ・サブレ・ドロンヌに有名リゾート地があり、ここを訪れた人たちの間に広まって、フランス中によく知られるようになったブリオッシュです。

分割・成形

6 クッペ用200ｇ、３本編み330ｇ、１本編み100ｇに分割する。

7 クッペ形の成形。張りをもたせた成形にする。

8 330ｇの生地を長い棒状にしっかり成形し、編む時は強く締めずにゆったりと編む。

9 ３斤食型に入れる。しっかりと練っていない生地の場合は、３本編みにしないと生地の構造が保てない。１本編みのものは、１回結びにしてパンドリーナ型に入れる。

焼成

10 30℃で２時間半～３時間と長いホイロをとった後、溶き卵をぬり、クッペの生地は約１㎝間隔でハサミを入れ、焼成。

前工程

1 親種からかえり種を作り、さらに強力粉、砂糖、バター、水を加えて捏ね、一晩置いた仕上げ種。十字にカットした部分の開き具合で種の力を判断できる。

ミキシング

2 強力粉、生イースト、塩、砂糖（半分量）、はちみつ、卵、水を加え、さらに１の仕上げ種を加える。

3 材料の種類が多いので、まんべんなく混ざるのに時間がかかる。低速で時間をかけてミキシングする。

4 ラム酒、オレンジ・フラワー・ウォーター、バター、残りの砂糖を加え、さらに低速で10分捏ねる。バターを入れた後も高速にはしない。

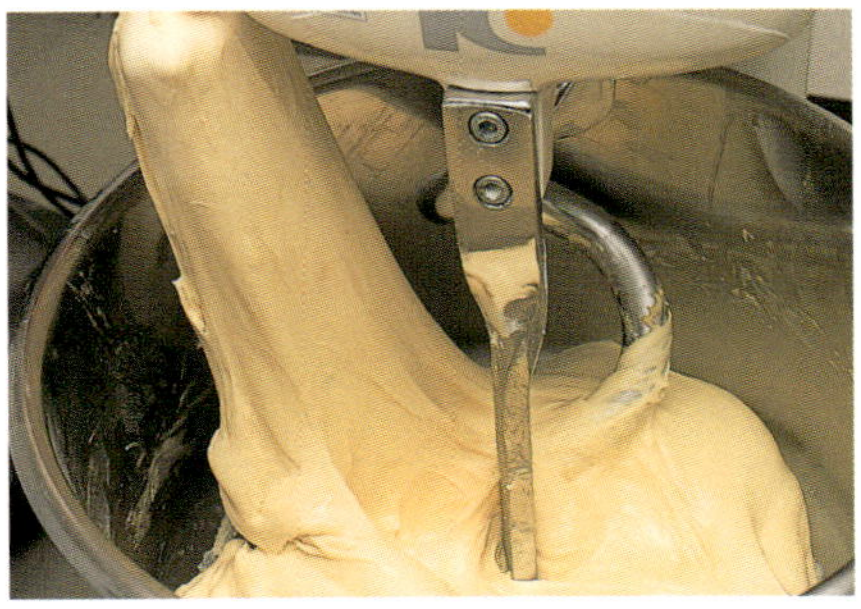

5 ミキシング終了時点の生地。低速だけのミキシングであるが、このようにのび、なめらかで引きのある生地になる。

配合

■ラフレイシ（かえり種）

カメリヤ（強力粉）……………………100ｇ（10%）
ルヴァン・シェフ（親種）…………… 6ｇ（0.6%）
ユーロモルト ………………………………1ｇ（0.1%）
水 …………………………………………… 50ｇ（５%）
＊ たて型でＬ10分。26℃で７時間。全部を次のルヴァン・トゥ・ポワンに加える。

■ルヴァン・トゥ・ポワン（仕上げ種）

カメリヤ（強力粉）……………………200ｇ（20%）
砂糖……………………………………………15ｇ（1.5%）
発酵バター……………………………………15ｇ（1.5%）
水………………………………………………90ｇ（9%）
＊ たて型でL7分⇒LM３分。28℃で3時間。その後一晩冷蔵。

■パート・フィナル（本捏）

カメリヤ（強力粉）……………………700ｇ（70%）
生イースト……………………………………10ｇ（1%）
塩………………………………………………15ｇ（1.5%）
ハチミツ………………………………………60ｇ（6%）
砂糖……………………………………………200ｇ（20%）
全卵……………………………………………325ｇ（32.5%）
発酵バター……………………………………285ｇ（28.5%）
オレンジ・フラワー・ウォーター……15ｇ（1.5%）
水………………………………………………270ｇ（27%）
ラム酒…………………………………………30ｇ（3%）

作業工程

前　工　程▶かえり種から仕上げ種を作り、一晩冷蔵しておく。
ミキシング▶スパイラル型。砂糖半量、バター、オレンジ・フラワー・ウォーター、ラム酒以外の材料を入れてＬ12分。ここで残しておいた材料を少しずつ入れる。⇒この後、Ｌ10分。捏ね上げ温度28℃。
発酵時間▶120分（発酵室：26℃、75%）
分　　割▶330ｇ×３本編み（３斤型用）、100ｇ１本編み、クッペ用200g
ベンチタイム▶30分
成　　形▶型詰め、編み
ホ イ ロ▶２時間半～３時間（発酵室：30℃、75%）
焼　　成▶ホイロ後溶き卵をぬる。スチームなし。上火190℃、下火180℃で35～40分。

Pogne de Romans
ポーニュ・ド・ロマン

作業工程

前　工　程▶サフ・ルヴァン種を作り、27℃で24時間発酵させておく。

ミキシング▶スパイラル型。砂糖半量、バター、オレンジ・フラワー・ウォーター以外の材料を入れてＬ５分⇒Ｈ４分。ここで砂糖半量、バターを少しずつ入れる。⇒この後、Ｌ６分。⇒オレンジ・フラワー・ウォーターを加える。⇒Ｌ１分。捏ね上げ温度23～24℃。

発酵時間▶120分⇒パンチ⇒60分（発酵室：28℃、75％）

分　　割▶５本編みクーロンヌ100ｇ×５本、クーロンヌ500ｇ、クッペ100ｇ

ベンチタイム▶30分

成　　形▶クーロンヌ、５本編みクーロンヌ、クッペ

ホ　イ　ロ▶3時間（発酵室：28℃、75％）

焼　　成▶ホイロ後溶き卵をぬる。スチームなし。上火180℃、下火160℃で35分。

配合

■サフ・ルヴァン種

リスドオル（フランスパン専用粉）…300ｇ（30％）
サフルヴァン(ルサッフル社のルヴァンスターター)
……………………1.5ｇ（0.15％）
牛乳……………………………………180ｇ（18％）
＊ たて型でＬ５分。捏ね上げ温度25℃。24時間（室温27℃）。

■パート・フィナル（本捏）

カメリヤ（強力粉）……………………700ｇ（70％）
サフインスタントドライイースト…… 3ｇ（0.3％）
塩…………………………………………18ｇ（1.8％）
砂糖……………………………………250ｇ（25％）
全卵……………………………………400ｇ（40％）
牛乳………………………………………60ｇ（6％）
バター…………………………………320ｇ（32％）
オレンジ・フラワー・ウォーター………30ｇ（3％）

ひと握りの小麦粉の意か
ロマン地方のスペシャリテ

ロマンはリヨンの南、約80kmの町の名前。このパンはロマンやヴァランス地方のスペシャリテです。

ネーミングについては諸説ありますが、カルヴェル氏によると、中世のこの地域では小麦があまり穫れず、ライ麦でパンを作っていました。お祭りの時のお菓子もライ麦で作っていたのですが、ある時、ひと握り（poignee＝ポワニエ）の貴重な小麦粉を加えたところ、格段においしいお菓子になりました。これが語り継がれて、ポワニエがポーニュになまって、定着したのだろうとのことです。

いずれにしても、ブリオッシュのようなリッチな生地がフランスでたくさん作られるようになるのは、オーストリアやポーランドからビール酵母がフランスに伝えられた18世紀以降のことになります。

La mouna
ラ・ムーナ

作業工程

前　工　程▶ 中種を作り、一晩冷蔵しておく。

ミキシング▶ スパイラル型。バター、オレンジピール、オレンジ・フラワー・ウォーター以外の材料を入れてL 6 分⇒H 3 分。ここでバターを少しずつ入れる。⇒この後、L6分。⇒オレンジピール、オレンジ・フラワー・ウォーターを加える。⇒L1分。捏ね上げ温度25℃。

発酵時間▶ 2 時間半⇒パンチ⇒60分（発酵室：28℃、75%）

分　　割▶ 65g（本来は王冠形で350gに分割）

ベンチタイム▶ 20分

成　　形▶ 紙型に入れる

ホ　イ　ロ▶ 2 時間（発酵室：28℃、75%）

焼　　成▶ 溶き卵をぬり、あられ糖をふる。上火180℃、下火160℃で30分焼成。

配合

■中種

カメリヤ（強力粉）……………………300 g（30%）
サフインスタントイースト …………… 2 g（0.2%）
全卵…………………………………50 g（5%）
牛乳……………………………………160 g（16%）
＊ たて型でＬ 5 分⇒LM 1 分。捏ね上げ温度25℃。
　1 時間発酵させて一晩冷蔵（5 ℃）。

■パート・フィナル（本捏）

カメリヤ（強力粉）……………………700 g（70%）
サフインスタントドライイースト……15 g（1.5%）
塩　…………………………………18 g（1.8%）
砂糖…………………………………300 g（30%）
全卵…………………………………350 g（35%）
牛乳…………………………………100 g（10%）
バター………………………………320 g（32%）
サバトン・オレンジピール……………200 g（20%）
オレンジ・フラワー・ウォーター………60 g（6%）

オレンジの風味が特色
もとはお祝い用の発酵菓子

このパンもブリオッシュの仲間ですが、普通のブリオッシュよりも糖分が多くなっています。スペイン生まれらしく、地中海沿岸で豊富に採れるオレンジを風味付けに使うのが特色です。

ブリオッシュのように卵などを使ったリッチな生地は、昔は復活祭などのお祝い用の菓子に使われたようで、各国にいろいろなタイプのものが残っています。卵は春の訪れを祝う復活祭のシンボル。その頃に鶏もたくさん卵を産み始めるからでしょうか、卵には生命の誕生、再生のイメージが重なります。復活祭はキリストが死後 3 日目に蘇った復活を祝うものですが、春分以降の満月のあとにくる日曜日と決まっているため、毎年3月22日から4月25日の間にくる移動祝祭日になっています。

本来は王冠形か、ブール形ですが、小物としてアレンジする場合は紙型に入れたものになります。

Pastis Landais

パスティス・ランデ

作業工程

前　工　程 ▶バターと牛乳をボウルに入れてとろ火で溶かし、砂糖とヴァニラビーンズを入れて70℃まで加熱する。中種を作っておく。

ミキシング ▶たて型。オールインミックス。１速である程度混ざったら３速で生地がつながるまで混ぜる。捏ね上げ温度25℃。

発酵時間 ▶60分（発酵室：27℃、75％）、５℃で１晩冷蔵。

分割・成形 ▶翌日15℃まで復温してから200gに分割後、すぐに丸めてア・テッド型に入れる。

ホ　イ　ロ ▶220分（発酵室：25℃、75％）。

焼　　成 ▶溶き卵をぬり、あられ糖15gをのせる。上火170℃、下火190℃で25分～。

配合

■中種

リスドオル（フランスパン専用粉）	100 g（10％）
生イースト	40 g（4％）
牛乳	70 g（7％）

＊手混ぜ。捏ね上げ温度30～32℃で40分。

■パート・フィナル（本捏）

リスドオル（フランスパン専用粉）	900 g（90％）
塩	20 g（2％）
砂糖	300 g（30％）
バター（無塩）	500 g（50％）
牛乳	190 g（19％）
ヴァニラビーンズ	（3kg仕込で4本使用）
全卵	320 g（32％）
パスティス	50 g（5％）
ラム酒	50 g（5％）

フランス南西部ランドが発祥
風味豊かなブリオッシュの一種

オレンジフラワーウォーターやラム酒で香り付けしたブリオッシュの一種ですが、ドンクではラム酒とパスティス（アニスを主体としたリキュール）で作ります。上にはあられ糖、中は明るい黄金色でしっとりと柔らかく、独特の香りが立つのが魅力です。

パスティスは、ガスコーニュ（フランス南西部の複数県にまたがる昔の地方名）語とオック語で「gâteau（ケーキ、豚肉のパテ、インクの染み、混合物）」を意味します。語源は、ラテン語のpasticiumです。

Kouign Amann
クィニーアマン

作業工程

ミキシング▶スパイラル型。L２分⇒ルポオートリーズ30分⇒インスタントドライイーストを入れL４分（スタートして30秒後に塩を加える）。H 20秒～40秒。捏ね上げ温度22～24℃。

発酵時間▶90分⇒パンチ⇒90分（発酵室:27℃、75%）。この後－1℃で18～20時間休ませる。

折込み・成形▶三つ折り２回目に半量のグラニュー糖を振って折りたたみ、20～30分休ませる。さらに三つ折り３回目に残りのグラニュー糖を振って折りたたむ。20～30分休ませ、最終厚さ６㎜で10cm×10cmにカットし（80g）、ふろしき状に成形し、直径10cmの丸型に入れる。（丸型にあらかじめバターを塗り、グラニュー糖をまぶしておく）。

ホイロ▶150分～180分（発酵室：28℃ 75%）。

焼成▶上火、下火とも180℃で40分。

配合

リスドオル（フランスパン専用粉）	1000 g（100%）
インスタントドライイースト	4 g（0.4%）
塩	20 g（2%）
ユーロモルト	2 g（0.2%）
水	680 g（68%）
折込み用バター	765 g（76.5%）
折込み用グラニュー糖	340 g（34%）

周囲をカラメリゼ、中に有塩バター ブルターニュ地方の逸品を再現

フランスは地方が面白いといわれます。このクィニーアマンも、そんな地方の魅力を彩る伝統菓子のひとつです。

生まれはフランス北西、塩の産地として有名なブルターニュ地方。有塩バターを折り込んだ生地を丸い型に入れて焼きあげます。周囲をバターとグラニュー糖でつややかにカラメリゼさせているため、サクサクとした食感が楽しいと同時に、かすかな塩味が甘味を引き立てます。

ドンク技術顧問のシモン・パスクロウがフランスのブルトン語の文献から手探りで試作を重ね、1990年代中ごろから商品化。カヌレ同様、これも大きなブームを巻き起こしました。

Pain d'Épice
パン・デピス

作業工程

前工程 ▶たて型。パート・メールの材料をすべて入れてL5分（ハチミツは60～65℃に温めておく）。15～18℃の場所で7日～3ヶ月おく。本捏の前日に柔らかくしておく。

ミキシング ▶パート・メールのみでL8分。ベーキングパウダーと重曹をハチミツで溶き、卵黄とレモンパウダーを加えてL7～10分。固さをみながら牛乳で調整する。

ラックタイム ▶天板にベーキングシートを敷き、木枠（縦33cm、横49cm）をのせて生地を入れて厚さ2cmほどにする。照りを出すために表面に牛乳を塗り、室温で1～2時間ラックタイムをとる。

焼成 ▶180℃で60分。

配合

■パート・メール

バイオレット（薄力粉）	1000g
細挽きライ麦粉	1000g
ハチミツ	2000g
シナモン	6g
コリアンダー	0.5g
アニス	2g
クミン	0.5g
カルダモン	1.5g
ホワイトペッパー	2g

■本捏

パート・メール	全量
ベーキングパウダー	27g
重曹	13g
卵黄	400g
ハチミツ	50g
レモンパウダー	3g
牛乳	適量

木製の枠は、金型より熱の伝わり方が遅く、それだけに時間をかけて焼くことになるので生地がしっとりと焼き上がる

スパイスが複雑に香る伝統菓子 ねっちりとした食感が印象的

「スパイスのパン」の名のとおり、スパイスがきいたハチミツが特徴の伝統菓子です。

ハチミツを甘味料としたお菓子は古くからありますが、これほど多く入れると粘りが強く感じられて、なんともいえない独特の食感が、複雑な香りとともに口の中に余韻を残します。

スパイスは、アニスをはじめとした数種類の混合が一般的。そのほか粉も小麦粉だけでなくライ麦を配合することで個性が出ます。

パン・デピスといえばワインで有名なブルゴーニュ地方が知られていますが、アルザスでもたくさんのパン・デピスを見かけることができます。

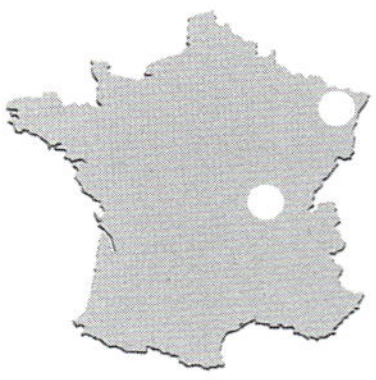

Danish pastry

デニッシュ・ペストリー

お菓子にもっとも近いパン きっちりと温度管理を

デニッシュとは〝デンマークの〟という意味で、文字通りデンマークが本場です。でも、そのデンマークではヴィエナブロート(Wienabrot＝ウィーン風のパン)と呼ばれています。ウィーンに起源があるあたり、形態上ちがった発展をとげたもののクロワッサンと親戚関係にあることは間違いないようです。

デニッシュはクロワッサンと同様に、焼成時に、グルテンの膜で包み込まれた炭酸ガスが膨張し、バターから発生する水分の蒸気圧によって、生地が立ち上がります。作業工程においては、時には発酵にはマイナスの冷却が必要で、また時にはバターには都合の悪い温度の上昇が必要になります。したがって、一番のポイントはきっちりした温度管理をして、生地とバターの力を落ち着かせることにあります。

生地のカットといい、トッピングといい、創作の魅力がいっぱいのデニッシュですが、それだけにクリームやフルーツ、ジャム類などとの組み合わせに味覚のバランスが要求されます。

配合

リスドオル（フランスパン専用粉）	500ｇ（50％）
カメリヤ（強力粉）	500ｇ（50％）
生イースト	40ｇ（4％）
塩	20ｇ（2％）
砂糖	80ｇ（8％）
脱脂粉乳	30ｇ（3％）
全卵	150ｇ（15％）
バター	50ｇ（5％）
水	350ｇ（35％）
折込み用バター	700ｇ（70％）

作業工程

ミキシング▶ たて型。折込み用バター以外の材料を入れてＬ４分。捏ね上げ温度24℃。1250gに大分割して、フロアタイムをとる。

発酵時間▶ 40分（発酵室：27℃、75％）

分割・ベンチタイム▶ フロアタイム後、薄くのばして冷蔵。生地玉でオーバーナイトして翌日成形する場合は、冷凍庫で生地を締めたあと、ビニールをかけて0℃で一晩。

折込み・成形▶ 折込み用のバターを折り込んで三つ折り⇒30分冷凍⇒三つ折りして60分冷凍⇒三つ折りして120分冷凍。各種成形。

ホイロ▶ 60分（発酵室：28℃、75％）

焼成▶ 焼成前に処理が必要な場合はほどこす。上火235℃、下火215℃で15分。焼成後に仕上げ作業が必要な場合もある。

発酵

1　折込みバター以外の生地を全部加えて、低速4分ミキシングにかける。材料が均一に分散してまとまる程度でよい。1250ｇに大分割して、台上で手で揉む（写真の左は揉んだもの）。発酵を40分とる。

2　発酵後、厚さ約2㎝ぐらいにめん棒で生地をのばして、冷蔵する。

折込み

3　冷蔵発酵させた生地を折込みバターよりやや大きめにのばし、バターを包み込む。

4　とじ目をしっかり押さえて、端までバターが回るようにめん棒でのばす。

5　リバースシーターで生地をのばして、三つ折りして冷凍庫で30分休ませる。これを以下2回繰り返すが、冷凍庫で休ませる時間は2回目の三つ折りの時60分、3回目の時120分になる。（この後スリーズ、マロンとも6に続く。）

成形～焼成（スリーズ）

6　リバースシーターで2.5㎜厚にのばした生地を9㎝の正方形に切る。ひも用の生地も取り置きして冷蔵しておく。正方形の左右から折り、舟形を作る。

7　ひも用の生地を二つ折りにして、1㎝幅にカットして、ひもを作る。

8　6で成形した舟形にひもを巻いて、ゆるく1回結びにしておく。

9　ホイロをとって、8の生地に溶き卵を塗り、カスタードクリーム、オデンワルド社“グリュオット”（さくらんぼを煮込んだもの）、バターそぼろの順にのせる。

10　焼成後、つやだしのため、ナパージュを刷毛塗りする。

成形・焼成（マロン）

6　9.5㎝の6角形の抜き型で抜いたもの（a）と、その生地を7㎝の同形の抜き型で抜いたものの外側（b）を用意して、溶き卵を塗ったaの上にbを重ねる。

7　焼成後にサバトン社“クレーム・ド・マロン”を絞り、渋皮マロン（シロップ煮）の二つ割をのせて、さらに細かく刻んだマロンをのせる。

Poire
ポワール

洋ナシにフランボワーズジャムを合わせることによって、一味違ったデニッシュに仕上げてあります。洋ナシの代わりにリンゴやクリームチーズを使ってヴァラエティに加えることも可能です。

1 デニッシュ生地を12cm幅にカットして、その上にケーキクラム、洋ナシのスライスをのせ、フランボワーズのジャムをしぼる。

2 別の生地にメッシュローラーで網目を入れる。網目の入った生地を広げて、1の上にかぶせる。

3 ホイロを50分とって上火200℃、下火220℃で40分焼成。焼き上がってから8等分する。

Rêve de Paris
レーヴ・ド・パリ

1996年クープ・デュ・モンド国内予選にドンク社員の佐藤広樹が出品した思い出深いデニッシュです。ブルーベリー、フランボワーズ、イチゴのフルーツ三種をアレンジして飾ってあります。

1 クグロフの型と、型紙を用意する。

2 2.5mm厚にのばしたデニッシュ生地に型紙をのせて、中央の穴とも切り抜く。

3 2をクグロフの型に入れる。上火220℃、下火250℃で15分間焼成後にカスタードクリーム、ブルーベリー、フランボワーズとイチゴの半切りをのせ、あられ糖をきれいに並べる。

Capucino
カプチーノ

深い香りのエスプレッソコーヒーを使用し、シナモン入りのグラスで仕上げた大人向きのデニッシュです。カプチーノは濃いコーヒーのことをいいます。

1 デニッシュ生地を20cm幅の帯にのばし、その上にコーヒーシュガーをのせて生地を丸める。

2 3cmにカットしていく。

3 紙型に入れて、カップケーキ型天板に。上火220℃、下火230℃で15分焼成。

Baguettes viennoise et petits pains viennois

バゲット・ヴィエノワーズ プティパン・ヴィエノワ

作業工程

ミキシング▶ たて型。パート・フェルメンテとバター以外の材料を一度に入れてＬ３分⇒パート・フェルメンテを入れる⇒Ｍ３分⇒バターを加える⇒Ｍ３分。捏ね上げ温度26℃。

発酵時間▶ 60分⇒パンチ⇒60分。（発酵室：27℃、75%）

分　　割▶ バゲット220g、プティパン60gに分割。

ベンチタイム▶ 20分

成　　形▶ フィセル型天板使用。成形後ソシソンクープ。

ホ イ ロ▶ 60分（発酵室：30℃、75%）

焼　　成▶ カマ入れ後、スチームを多めにかける。上火220℃、下火230℃で20分。

配合

リスドオル（フランスパン専用粉）…800 g（80%）
サフインスタントドライイースト……7 g（0.7%）
塩……16g（1.6%）
砂糖……40 g（4%）
モルト……4 g（0.4%）
脱脂粉乳……80 g（8%）
バター……100 g（10%）
水……500 g（50%）
パート・フェルメンテ（フランスパン発酵生地）……340 g※（34%）
※リスドオル200 g（20%）含む

ミルク風味とソシソンクープが特徴

このパンの説明をするには、パン・ド・グリュオー（Pain de gruau）の説明から始めなければなりません。パン・ド・グリュオーとはフランスの高級パンのなかでも最も良質な製品のひとつで、グリュオーとはこのパンに使う“特上粉”の名前です。そして、これを使ったパンは普通のバゲットと区別するために、９～10本の細かいクープを入れるのが慣わしでした。ところが第二次世界大戦で物資が不足すると、パン・ド・グリュオーの生産は禁止されてしまいます。

そこで広まったのが、バゲット・ヴィエノワーズとプティパン・ヴィエノワです。このパンは油脂、砂糖、粉乳を添加したもので、ヴィエノワズリーに分類され、ミルク風味とソシソンクープが特徴です。ちなみにバゲット・ヴィエノワーズとプティパン・ヴィエノワは、1840年頃から作られるようになったポーリッシュ法による「パン・ヴィエノワ」とはまったく別のパンです。

Pain perdu

パン・ペルデュ

残りパンを別のものに再生
経済効率の上からも
開発・研究の余地あり

直訳すると“ダメになったパン”。フレンチ・トーストしかり、パン・プリンしかり、だめになったパン、つまり残ったパンで、別のテイストのものに再生したものの総称をいい、お菓子風に仕上げることが多いようです。

実際、パン・ペルデュの中には、“ディプロマ”(ドライフルーツを入れてプリン型で焼いた、アルザス、ブルゴーニュ地方の菓子)、“クロワッサン・オ・ザマンド”(もともとはクロワッサンの残りを利用したもの)など、お菓子としての名声を確立しているものもあります。日本でも、残ったごはんをチャーハンやおにぎりなど別のものに仕上げて食べるのと同じこと。

残ったパンにひと工夫加えるとき、残りパンを使っているのではなく、わざわざ残りパンが必要だと思わせるくらいの新製品を生み出すことは、経済効率のうえからも、パン屋にとって大切なテーマです。

Rusk

ラスク（写真：奥）

材料：メレンゲ（卵白100ｇ、粉糖300ｇ、レモン汁少々）、バタールの残り

バタールを14㎜にスライスして乾燥させる。上の材料でメレンゲを作り、スライスしたバタールの上に塗って、一晩置く。翌朝、オーヴンの温度を上げる途中150℃で、色づくまで乾燥焼き。

French toast

フレンチ・トースト（写真：手前左）

材料：アパレイユ（牛乳100ｇ、全卵150ｇ、砂糖50ｇ、ヴァニラ）、リンゴ、クルミ、粉糖、バタールの残り

バタールを24㎜にスライスして、上の材料で作ったアパレイユに浸す。充分吸わせたのち、天板に並べ、リンゴのバターソテーをのせて、さらにクルミを散らして、粉糖をかけて焼成する。

French pudding

フレンチ・プリン（写真：手前右）

材料：アパレイユ（牛乳1220ｇ、全卵450ｇ、卵黄110ｇ、砂糖300g、ヴァニラビーンズ１本）、カラメル、バゲットの残り

アルミカップにカラメルを注ぐ。上記材料でアパレイユを作り、これをアルミカップに分注し、バゲットのスライス２分の１割を沈める。天板に布巾を敷いてアルミカップを並べ、湯をはって焼成する。

世界に認められた日本の製パン技術

～クープ・デュ・モンドで好成績を収め続ける日本チーム～

日本チームの「バゲットおよびパン・スペシオ」と「ヴィエノワズリー」（1994年総合第３位）

94年大会「飾りパンの部」で日本は部門優勝（1位）の快挙を達成。

日本の製パン技術は、世界レベルでは果たしてどれくらいなのでしょう？

これに明快な答えを出しているのが、初出場以来、高い成績を収め続けているパンのワールドカップ「クープ・デュ・モンド・ド・ラ・ブランジュリー COUPE DU MONDE DE LA BOULANGERIE」での日本チームの健闘ぶりです。

クープ・デュ・モンド（英語ではベーカリー・ワールド・カップ）はさしずめ製パン技術の世界規模コンクール。1992年のユーロパン（パリ製菓製パン国際見本市）の会場で始まりました。目的は、「ユーロパン」という世界中から何万人もの人々が集まる機会に、製パン職人のノウハウと権威を示し、また、世界中のブーランジェたちが手をつないで仲間意識を高めてほしい、というもの。きっかけは、フランスで最高技術者MOFの称号を持つクリスチャン・ヴァブレ氏の呼びかけでした。

第１回目の92年大会では日本（アジア）への参加要請はなかったものの、２回目の94年大会では日本は初出場ながら参加９カ国中総合３位、２度目の出場となった96年大会では設備の不調を見事クリアして９カ国中総合４位、そして３度目99年は12カ国中３位という、いずれも高位の成績を収めているのです。

チームはいずれも３名。初回は神戸屋・河上洋一氏、神戸屋・古川明理氏、ドンク・岡田重雄（チームリーダー）、２回目は神戸屋・馬場正二氏、ドンク・佐藤広樹（チームリーダー）、ドンク（当時）玉木潤、そして99年はドゥース・フランス・細田実氏、神戸屋・中山透氏、ドンク・江崎幸一（チームリーダー）の３人でした。日本は毎回全国から出場選手を募集して一次、二次、最終選考と厳密な審査で選手を選び、国内で数日間、フランスの材料を取り寄せて研究したり作戦を練り、パリでも数日間トレーニングをします。これを99年大会からは「日本フランスパン友の会」のメンバーで編成する「クープ・デュ・モンド実行委員会」がサポート。日本のフランスパン界が総力を挙げてのぞむのです。

当日は、８時間のうちに①バゲットとパン・スペシオ（各国の特色パン含む）②ヴィエノワズリー③装飾パン（テーマあり）を規定の数と種類だけ仕上げなければなりません。そして世界中から来た審査員たちによって結果発表。

カップを渡される瞬間の感動、重みの実感、そして緊張がほぐれた後にふくらんでくる日本のレベルの高さに対する自信。それは選手たちだけでなく、フランスパンを支えてきた多くの日本関係者にもこのうえなくうれしい世界の評価なのです。

〈追記〉

2002年の第５回大会で、日本はついに宿願の優勝を果たしました。代表選手はドンク・菊谷尚宏、帝国ホテル・山﨑隆二、神戸屋レストラン・渡辺明生の３人でした。

94年大会には、ドンクから岡田重雄が出場（左端）

ドンクのパン
世界のパン

外国人技術者たちが残したパン
ドンクで人気定番になったパン

Pain de campagne avec addition de pâte fermentée de seigle et pâte fermentée

2種のパート・フェルメンテによる

パン・ド・カンパーニュ

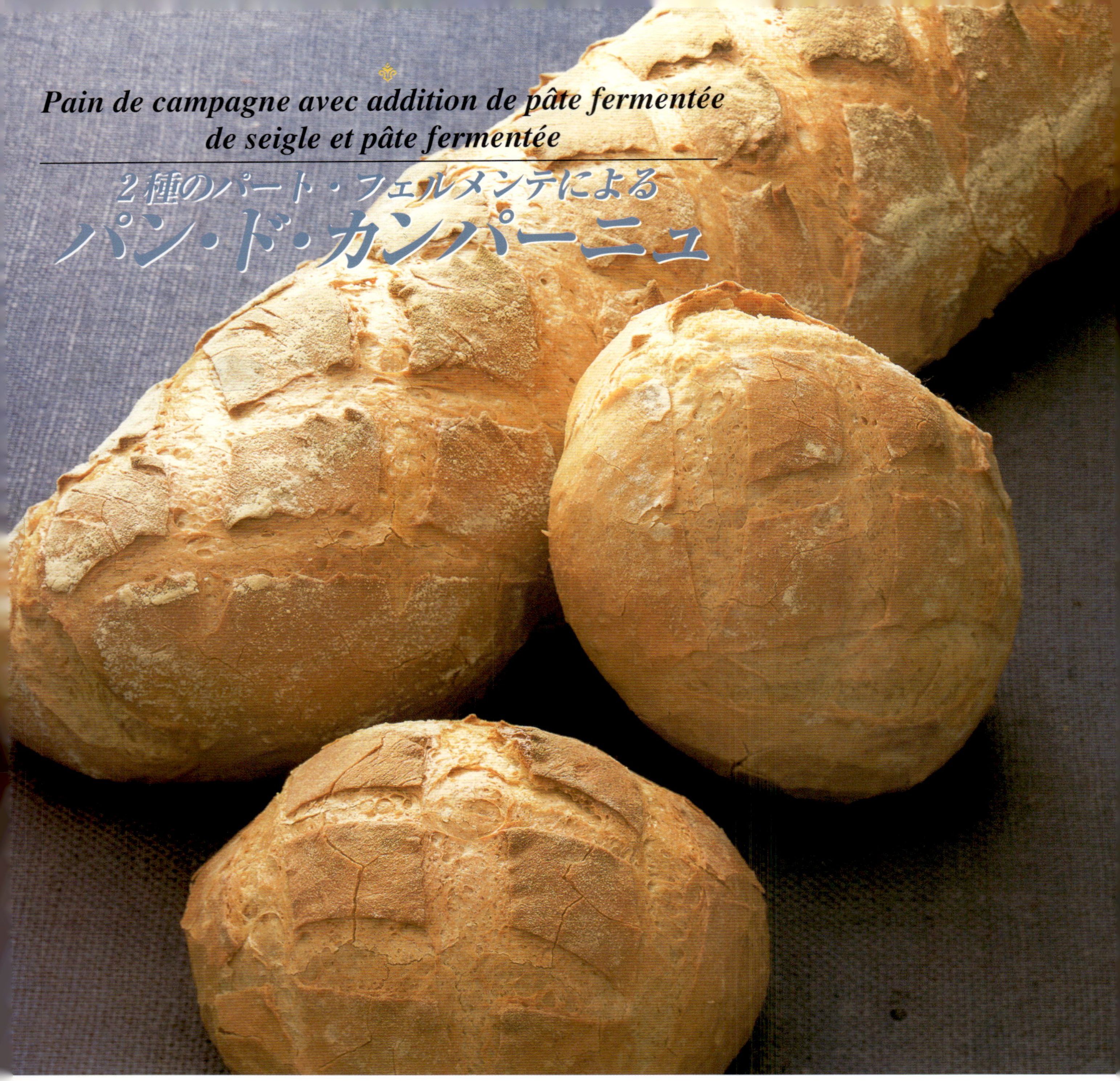

本物のフランスパンを日本に伝えたドンクの第一号フランス人社員

ドンクの第一号フランス人社員だった、フィリップ・ビゴ氏がドンクに伝えたパン・ド・カンパーニュの作り方です。パン・ド・カンパーニュに入れるライ麦をセーグル生地から利用する合理的な方法で、通常、パン屋は何種類もの生地を作るので、その生地をうまく組み合わせれば独自のパンを作ることが可能になります。

ビゴ氏は１９４２年、ノルマンディのパン屋の息子として生まれました。１９６５年、東京晴海で国際見本市が開かれた時に、カルヴェル氏の信任をうけて、フランスパンのデモンストレーションをするために初来日。ドンクはこの見本市のために、カルヴェル氏のアドヴァイスに従い、ポンスオーヴンやミキサーなどの輸入に積極的に協力。見本市の終了後、機械一式は三宮店裏の工場で稼動させることになり、ビゴ氏もそのままドンクで働くことになりました。

以来7年半、ビゴ氏はドンク社員として、フランスパンの普及に尽力します。ドンクが青山に開店した時に、ビゴ氏がお客さんから見えるところでパンを焼く姿は日本人に強烈な印象を与え、日本にあわせてやっていくのではなく、あくまで本場のやり方を貫く姿勢とともに、一大フランスパンブームが巻き起こったことは有名な話です。ビゴ氏はドンク退社後、芦屋に「ビゴの店」を開店。84年には東京にも進出し、これらの店からは、優れた日本人ブーランジェが育っています。

ホイロ

5　表面に粉をまぶして、とじ口を上にして、40～60分布ホイロをとる。

焼成

6　焼成前にひっくり返して、スリップピールの上に置き、クープを入れる。ポルカ形はポルカの形にクープを入れる。

ミキシング

1　本捏用の材料にフランスパン生地のパート・フェルメンテとセーグル生地を加える。両方とも分割の前に生地を分け取り、冷蔵して準備しておく。

2　ミキシング終了時点の生地。多量のパート・フェルメンテが入るので、ミキシングをかけすぎないように。

分割・成形

3　60分発酵をとった後、ブール形は350gに分割。ポルカ形は1000～2000gに分割。

4　30分のベンチタイム後、成形する。ブール形は両手でていねいに生地を底の方に集めて、生地をずらしながら表面を滑らかにして、底を閉じる。ポルカ形は大きめのナマコ形に成形。

配合

リスドオル（フランスパン専用粉）…………1800 g
サフインスタントドライイースト………………6 g
塩 ………………………………………………36 g
ユーロモルト ……………………………………14 g
ビタミンC（１%溶液）……………………………5 g
水 ……………………………………………1080 g
パート・フェルメンテ（フランスパン発酵生地）
……………………………… 6000 g
セーグル生地 ………………………………3000 g
＊ パート・フェルメンテ、セーグル生地とも分割前の生地を分け取る。

■セーグル生地

ライファイン（ライ麦全粒粉）……………1000 g ※1
水…………………………………………1200 g ※2
※1・2　合わせて一晩冷蔵。
カメリヤ（強力粉）……………………………1250 g
サフインスタントドライイースト ……… 16～20 g
生イースト ……………………………… 16～20 g
塩 ………………………………………………42 g
ユーロモルト ……………………………………30 g
無塩バター ……………………………………60 g
水……………………………………………380 g
パート・フェルメンテ（フランスパン発酵生地）
………………………………260 g

作業工程

ミキシング▶スパイラル型。L６分。捏ね上げ温度24℃
発酵時間▶60分（発酵室：28℃、75%）
分　　割▶ブール350ｇ、ポルカ1000～2000g
ベンチタイム▶30分
成　　形▶ブール形、ポルカ形
ホ　イ　ロ▶40～60分(発酵室：28℃、75%)
焼　　成▶スチームは前。上火235℃、下火220℃で35分。（ポルカは45～50分）

フィリップ・ビゴ（Phillippe Bigot）氏

Pain de campagne sur levain de pâte

ルヴァン・ド・パートによる

パン・ド・カンパーニュ

フランスパン普及の先駆者 大阪万博でも大活躍

ビゴ氏と同様に、フランス国立製粉学校でカルヴェル氏の教え子として、日本に送り込まれたのがピエール・プリジャン氏。彼は１９６８年に来日。ここに紹介するのは、１９７０年頃、青山店で夜勤があった時代に、氏が考案したレシピです。当時日本にはまだルヴァン・ナチュレルのパンは紹介されておらず、青山店で作られていたパンのなかでは、これがもっともルヴァン・ナチュレルに近いパンでした。氏はドンクには4年半在籍し、ビゴ氏と同様に、フランスパンの普及のために全国を歩きました。

１９７０年の大阪万博の際、ドンク経営の「イル・ド・フランス」で１日７００kgのフランスパンを仕込み、ポンスのロータリオーヴンで、50 gのプチパンを毎日６０００個焼いたという武勇伝が残っています。彼が来日当時、ドンクでは、粉は鳥越製粉のフランス印に生イーストを使っていましたが、１日１０００kgの仕込み量。時あたかも高度経済成長の真っ只中。経済の発展とともに、この万博の頃からドンクでも徐々にドライイーストへの転換が進みました。

ピエール・プリジャン氏は、最初はアメリカへ行くつもりだったのですが、カルヴェル氏の勧めもあって、アメリカへの途中下車のつもりで日本にきたそうです。それがすでに在日32年。フレンチレストラン「シェ・ピエール」のオーナーシェフとして、盛業中です。

また、カルヴェル氏75歳の記念に設立された「カルヴェル・アミカル」の副会長でもあります。

配合

■本捏

リスドオル（フランスパン専用粉）…650 g（65%）
ライファイン（ライ麦全粒粉）…………50 g（5%）
サフインスタントドライイースト…0.7 g（0.07%）
塩……………………………………18 g（1.8%）
ユーロモルト…………………………2 g（0.2%）
ビタミンC（0.5%溶液）………1 g（0.1%）（5 ppm）
水……………………………………500 g（50%）
ルヴァン・ド・パート※1……… 468 g ※2（46.8%）
※1　配合と作り方は写真１を参照のこと。
※2　リスドオル300 g（30%）含む

作業工程

前　工　程▶ルヴァン・ド・パートを準備する。
ミキシング▶アートフェックス型。L５分⇒休５分⇒L５分⇒休５分⇒L３分。捏ね上げ温度25℃
発酵時間▶120分⇒パンチ⇒60分（発酵室：26℃、75%）
分　　割▶500g
ベンチタイム▶25分
成　　形▶ブール形
ホ　イ　ロ▶90～120分（発酵室：27℃、75%）
焼　　成▶スチームは前。上火230℃、下火220℃で45分。

前工程

1　**ルヴァン・ド・パートの作り方**
５gのパート・フェルメンテをもとに、３回の種継ぎを行って、ルヴァン・ド・パート（粉の量：300 gに相当）を作る。

①パート・フェルメンテ
（フランスパン発酵生地）………………5 g
リスドオル（フランスパン専用粉）……9 g
水 ………………………………………… 9 g
＊手混ぜして24℃で6時間置く。

②リスドオル（フランスパン専用粉）……36 g
水 …………………………………………18 g
①を加えて手混ぜして24℃で４時間置く。

③リスドオル（フランスパン専用粉）……72 g
水 …………………………………………36 g
②を加えて手混ぜして24℃で5時間置く。

④リスドオル（フランスパン専用粉）…183 g
水 ……………………………………… 100 g
③を加えて手混ぜして24℃で３時間置く。

＊1970年のドンク青山本店では、閉店後も夜勤があったので、この工程でやっていたが、夜勤がない場合は、③の種継ぎの後２時間で冷蔵保管し、翌朝④の仕込みをして焼成まで行うことも可能である。
＊ここでは配合中の粉全量を1000 gにするためにはじめの工程の量を少なくしているが、実際にやる時には10倍量（④になれば5倍量で可）にした方が安定する。

ミキシング

2　ミキシングの途中、５分ずつ２回休みを入れる。これは戦前の古い方法であるが、生地にストレスがかかりにくく、かつグルテンのつながりも早くなる有効なやり方である。

発酵

3　２時間発酵をとった後、パンチする。発酵中に出てきた炭酸ガスをぬいて、折り返すことで酸素を与える。こうすることで生地に力が与えられる。

分割・成形

4　500 gに分割して、軽く丸める。

5　ブールの成形。生地の力によって成形する時の力を調整することが大切。生地がしっかりしている時はソフトに、力不足の時はやや強めに成形する。

焼成

90～120分のホイロをとり、クープ入れの後、焼成。

ピエール・プリジャン（Pierre Prigent）氏

Pain à la farine de meule

石臼挽きの粉を使ったパン

製パン業界のレベル向上に積極的
地場の粉で地場のパンをと商品開発

クリスチャン・ヴァブレ氏は、１９５４年、オーヴェルニュのパン屋の息子として生まれ、父親が使っていた昔ながらの薪で焼く石窯に慣れ親しんできました。若い頃から各種コンクールでの賞を総なめし、１９８６年にはＭＯＦ受賞。

このパンは、ヴァブレ氏が１９９６年に、ドンクと日本フランスパン友の会の招請で初めて日本を訪れた時に披露したものです。パン・ド・ロデヴとよく似ていますが、もともと中央山岳地方では、こうしたライ麦粉を入れて成形せずに焼く丸いパンが各地で作られていたようで、一見粗雑に見えますが、すだちは食欲をそそるものがあります。ヴァブレ氏は、機械に頼るようになると伝統の味が途絶えてしまうという危機感から、友人がやっている製粉会社に眠っていた石臼を稼動させて、地場の粉で地場のパンを作ろうと、このパンを商品化したのです。

氏は自分の店と工場を持つパン屋としての基本的スタンスのほかに、パンのＭＯＦ32名による「エキップ・ド・フランス・ド・ブーランジュリー」協会を創設してフランスパンの技術向上と普及につとめ、１９９０年にはオーリヤックにパン学校を開設。さらに１９９２年には「クープ・デュ・モンド・ド・ラ・ブーランジュリー」を創設と、製パンを料理や製菓と同じレベルまで高めたいという志のもと、精力的な活動を繰り広げています。

成形・分割

5　450 g に分割後、すぐバヌトンに入れてホイロをとる。成形はしない。

焼成

6　90分のホイロ後、べたつくのでバヌトンから生地を出す前に粉を振ってから、スリップピールに並べ、十字にクープを入れる。吸水が多いので、最初にスチームを少しかけ、はじめ上火、下火とも 260℃にセットし、パンを入れたら上火 245℃下火 235℃に下げる。約60分焼成。

石臼で挽いた地場の粉の袋

下準備

1　材料を用意する。石臼挽き小麦全粒粉（下左）、ライ麦粉（下右）、仕上げ種（上）。仕上げ種を使うが、さらに発酵を助けるため、インスタントドライイーストも使う。

ミキシング

2　水分が多いので、最初は全使用量の70％の水でミキシングをスタートさせ、生地の様子を見ながら、残りの水を足していく。少しずつ入れていくことが大切。2速でミキシングしても軟らかい生地なので、オーバーミキシングにはならない。

3　ミキシング終了時点の生地。この生地はドンクのパンの中でも、究極の軟らかさを誇る。

発酵

4　90分発酵をとった後パンチする。スープのような生地なので、四隅から引っ張りあげてきて、パンチとする。この後、さらに90分休ませる。

配合

石臼挽き小麦全粒粉……………………870 g（87％）
NR－1（ライ麦粉）※……………… 130 g（13％）
※ヴァブレ氏の店では、ライ麦も石臼挽き粉（T80）を使用
ルヴァン・トゥ・ポワン（仕上げ種）※400 g（40％）
※配合および作り方はP.37を参照のこと。
サフインスタントドライイースト …… 2 g（0.2％）
塩…………………………………………30 g（3％）
ユーロモルト ……………………………… 2 g（0.2％）
水…………………………870～900 g（87～90％）

作業工程

ミキシング▶たて型。水の量は最初70％でスタート。L 5 分⇒LM20分。この間、残りの水を少しずつ加えていく。捏ね上げ温度23℃
発酵時間▶90分⇒パンチ⇒90分（発酵室：27℃、75％）
分　　割▶450gに分割後、すぐバヌトンに入れる。成形はしない。
ベンチタイム▶なし
成　　形▶なし
ホ イ ロ▶90分（発酵室：27℃、75％）
焼　　成▶スチームは前に少し。はじめ上火、下火とも260℃にセットし、パンを入れたら上火245℃、下火235℃で60分。

クリスチャン・ヴァブレ（Christian Vabret）氏

Kougelhopf Alsacien

ククグロフ・アルザシアン

これぞアルザスのクグロップ乾いた食感が風土にマッチ

アルザス地方のパン屋の大御所、ジョゼフ・ドルフェール氏のこれぞアルザスのクグロップ（氏はこう発音する）だというルセットです。１９９７年にドンクの研修団がクリスチャン・ヴァブレ氏のいるオーリヤック製パン学校に研修に行った際に、アルザスから車を飛ばしてきたドルフェール氏から教わりました。

しっとりした感覚を好む日本人の舌からすれば、やや乾いた食感なのですが、これがアルザスで食べるとこの上なくおいしく、見事に風土にマッチしています。

アルザスはその歴史的背景からもドイツやオーストリアからの影響を強く受け、パリとはまた違った独特の文化をもっています。食文化もしかりで、ストラスブールから車で30分のビシュウィラーにある氏の店では、定番のバゲットをはじめ、クグロフ、アルザス風のシュトーレン、クレマンテーズからショコラまで品揃えが実に豊富。氏はパンはもちろんのこと、菓子やチョコレートについても造詣が深いのです。

ドルフェール氏は、ＭＯＦ保持者であり、息子のリシャールも２０００年のＭＯＦ受賞者に。親子2代のＭＯＦは初めてのことです。パン・ア・ラ・ビエールやクレマンテーズをはじめ、氏のオリジナル商品がアルザスのスペシャリテとなっていることからもわかるように、氏の引き出しには新商品のアイデアがたくさん詰まっています。

ドルフェール氏はヨーロッパをはじめ、東欧、ロシアなどに製パンの技術指導に出向いていますが、１９９９年には初来日を果たし、日本フランスパン友の会主催で講演会が催されました。

前工程

1　ポーリッシュ種。生イーストを溶かした牛乳に同量のリスドオルを加えて手混ぜ。25℃で60分間発酵させ、約2倍まで膨らませる。オーバーナイトさせる場合は5℃で冷蔵。

ミキシング

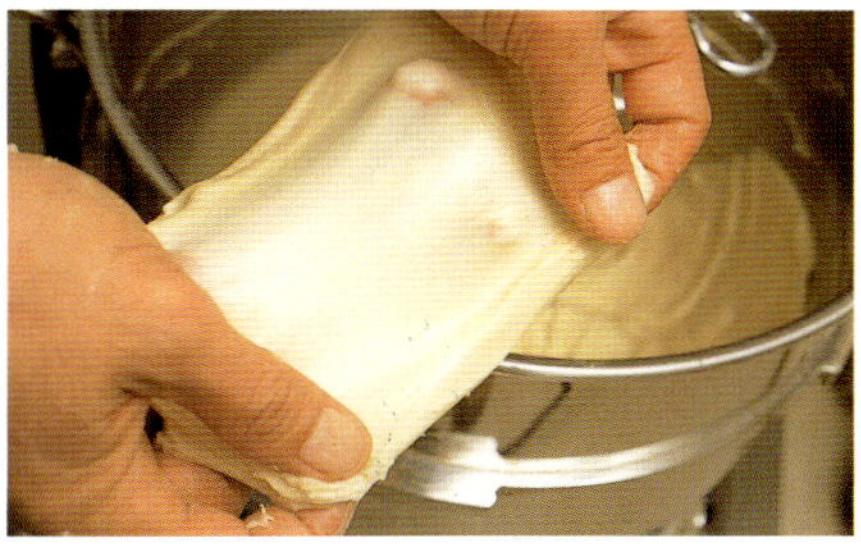

2　グルテンがつながったところで、バターを加える。バターは、生地の硬さと同じくらいの硬さにすると混ざりやすい。写真のようになめらかな生地になれば、サルタナを加える。

3　サルタナは均一に混ざるように、途中で掻き落しする。

発酵

4　40分発酵をとった後、パンチする。生地を広げて両手でまんべんなく軽く押さえた後、左右から折りたたみ、さらに軽く押さえる。次に生地の上下を折りたたみ、軽く押さえる。

分割・成形

5　大型500g、中型220g、小型60gに分割して丸める。5〜10分ベンチタイムをとる。

6　成形の1時間前から約30分、アーモンドホールを冷水に浸け、水切りしておく。これをクグロフ型の底の溝に1つずつ並べる。

7　ベンチタイム後の生地の真中に、人差し指で穴をあける。

8　この穴をクグロフ型の芯棒に入れ、生地を型に押し付けるように成形する。

ホイロ

9　80分のホイロをとる。生地は発酵してふっくらしてくる。

焼成

10　焼成後、型からスポッと抜ければ焼きあがっている証拠。アーモンドホールがしっかりくっついているかどうか確認する。水に浸けなかったアーモンドははがれる。

配合

■ポーリッシュ種

リスドオル（フランスパン専用粉）…1000g（33.3%）
生イースト……30g（1%）
牛乳……1000g（33.3%）
＊手混ぜ。25℃で60分。27℃で2倍まで。その後5℃で一晩冷蔵。

■パート・フィナル（本捏）

カメリヤ（強力粉）……2000g（66.7%）
生イースト……100g（3.3%）
塩……63g（2.1%）
砂糖……450g（15%）
全卵……900g（30%）
牛乳……適量（生地調整用）
無塩バター……1500g（50%）
サルタナ……1050g（35%）

作業工程

前　工　程▶ポーリッシュ種を準備しておく。サルタナはラム酒160gに漬けておく。

ミキシング▶たて型。L3分⇒M5分⇒バターを加える⇒L2分⇒M6分⇒サルタナ加える⇒L2分。捏ね上げ温度25℃

発酵時間▶40分⇒パンチ⇒40分（発酵室：27℃、75%）

分　　割▶大型500g、中型220g、小型60g

ベンチタイム▶5〜10分

成　　形▶生地の中央に穴をあけ、アーモンドを並べた型に押しつけるように入れる。

ホ　イ　ロ▶80分（発酵室：28℃、75%）

焼　　成▶スチームはなし。190℃45分。プチクグロフは200℃18分。型から持ち上げてひっくり返すことができれば、焼きあがっている。

ジョゼフ・ドルフェール（Joseph Dorffer）氏

創業以来、ドルフェール氏の店で使っているクグロフの型。

Seigle Montagne
セーグル・モンターニュ

ライ麦パンなのに、こんなに軽い
そのオリジナル製法に学ぶ

アルザスの名店「アール・ドゥ・パン」の名前が世に知られるまでには、父親ジョゼフ・ドルフェール氏に続いてMOFの資格をとった息子リシャール氏の働きも見逃せません。

たとえば、父親とは違った独特のスタイルを持つリシャール氏のセーグル。その中でもとりわけ興味を引かれたのがこのセーグル・モンターニュです。

ドイツに近いアルザスという土地柄もあってセーグルはよく食べられていますが、彼の作るこのパンはライ麦がこれほど多いにもかかわらず食感が軽く、食べやすいのが特徴です。それでもクラストには重厚感があり、クラムはしっとりとして保水性もとてもよいパンです。

熱湯で仕込むことでライ麦臭さをマスキングし、クラムには甘さも生まれます。サワー種を使ったドイツパンとは全く違ったものに仕上がっているのは、リシャール氏のこうした〝新しいエッセンスを取り入れた〟オリジナリティがあればこそです。

リシャール・ドルフェール
（Richard Dorffer ）氏

配合

石挽きライ麦全粒粉	500g（50%）
細挽きライ麦粉	500g（50%）
生イースト	6g（0.6%）
塩	20g（2%）
パート・フェルメンテ（フランスパン発酵生地）※	1000g（100%）
水（75℃）	950g（95%）

※フランスパン発酵生地を90～120分発酵させたのち、パンチなしで5℃で12～18時間冷蔵したもの。

作業工程

前工程 ▶パート・フェルメンテを準備する。

ミキシング ▶たて型。生イースト以外の全材料を入れL2～3分⇒生イーストを入れてL5分⇒LM2～3分。捏ね上げ温度35～40℃。

分割 ▶捏ね上げ後、即分割。1kg。

ベンチタイム ▶40分

成形 ▶生地を潰さないようにブール形

最終発酵 ▶10～15分

焼成 ▶スチームは前に少し、後にたっぷり入れる。上火260℃、下火250℃にセット。カマ入れ後に温度を落とす。全体で60分。

前工程

1　パート・フェルメンテを準備する。

ミキシング

2　生イースト以外の材料を入れて、低速で2～3分捏ねる。ここで入れる水は、「熱めの湯（75℃が目安）」であること。

3　全体に混ざったら生イーストを加え、低速で5分、2速にあげて2～3分捏ねる。

4　底の部分の混ざりが悪いため、時々ミキサーからはずして上下を返すようにカードでかき混ぜる。

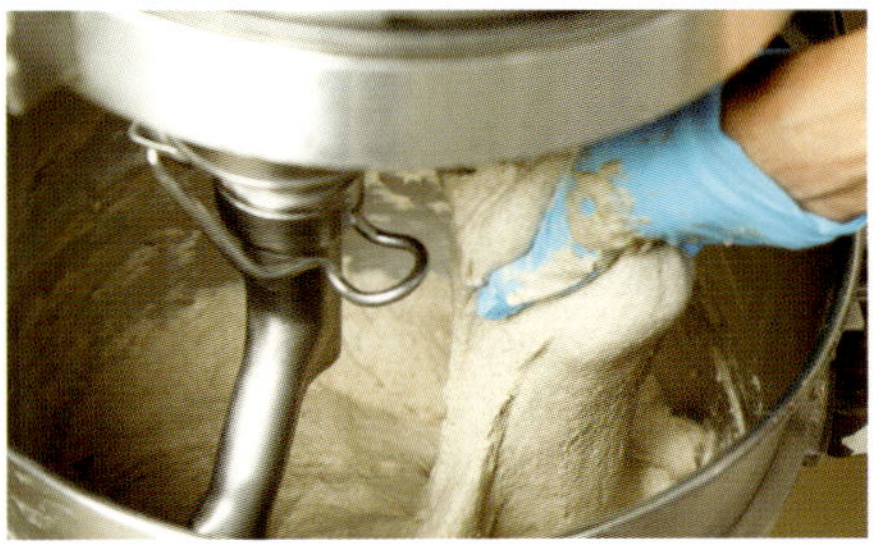

5　ミキシング終了時点。吸水量が多いため、生地はまとまりにくく、ベタベタした感じに仕上がる。

分割

6　1kgずつに分割。細挽きライ麦粉を使ってしっかり丸める。

成形

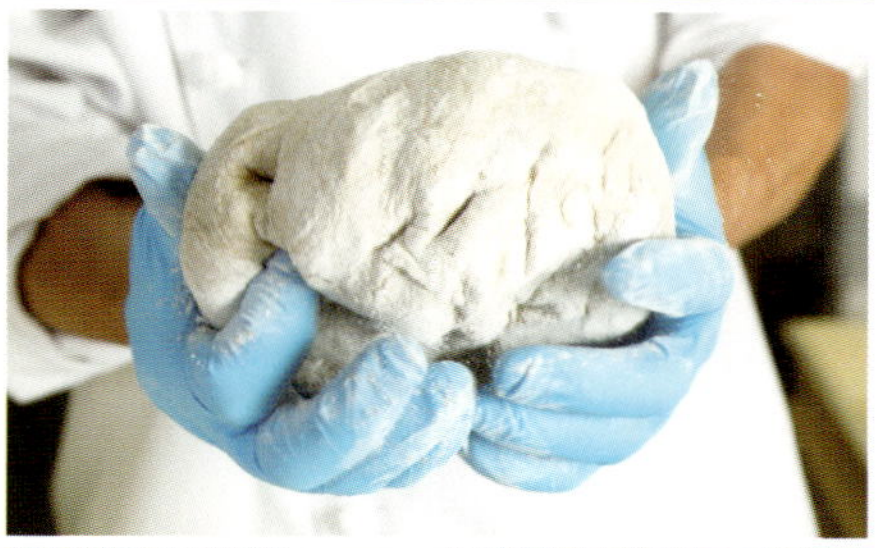

7　丸めた生地を両手で持ち上げ、押しつぶさないように注意しながら、底面の生地を指でかき寄せながら回していってしわを作る。上下を返してみて写真のようになっていれば良い。

最終発酵

8　とじ目を下にして細挽きライ麦粉をふった布の上に置く。そのまま10～15分発酵をとると、生地が多少緩む。緩みすぎると腰が抜けた状態になり、窯伸びが弱くなるので要注意。バヌトンに入れても良い。

焼成

9　模様（指でかき寄せて作ったしわ）が上になるように、スリップピールに乗せる。

10　上火260℃、下火250℃に設定し、スチームを入れて生地を挿入する。カマ入れ後、温度を落として60分間焼成。

Stolle Alsacien

ストール・アルザシアン

地域性と伝統を背景につくるアルザスならではのシュトーレン

ドルフェール父子が育て上げた「アール・ドゥ・パン」（「パンの技」「パンの芸術」という意味）の店名には、父ジョゼフ・ドルフェール氏が15歳から培ってきた、伝統に即した最高のパン作りの技術を、現代生活を楽しむために活かしたいという思いが込められています。

アルザスには歴史的な背景からよそにはない独特な文化があり、それらを継承しながら、時に新しい要素を取り入れることにも熱意を見せながら物づくりをしてきました。そのため、店先には一流菓子店にも引けをとらないクオリティーの菓子も、ずらりと並んでいます。

そんな伝統の味の一つにあげられるのが、アルザス地方で豊富に収穫される洋梨やりんご、プルーンを干してオー・ド・ヴィーでマリネして混ぜ込むアルザス風シュトーレンです。窯で室内が乾燥しやすいパン屋にとって、ドライフルーツは得意アイテム。ドイツのシュトレンのように長期保存はせず、年内には食べきるタイプです。

■ドライフルーツ（ブランデー漬け）

ドライペア	700 g（70%）
ドライプルーン	700 g（70%）
ドライアップル	400 g（40%）
ブランデー	375 g（37.5%）
グラニュー糖	62.5 g（6.25%）
水	62.5 g（6.25%）

＊グラニュー糖と水を合わせて沸騰させ、シロップを作る。その後30℃以下に冷まし、ブランデーとあわせる。ドライフルーツをカットして1週間以上漬け込む。

成形

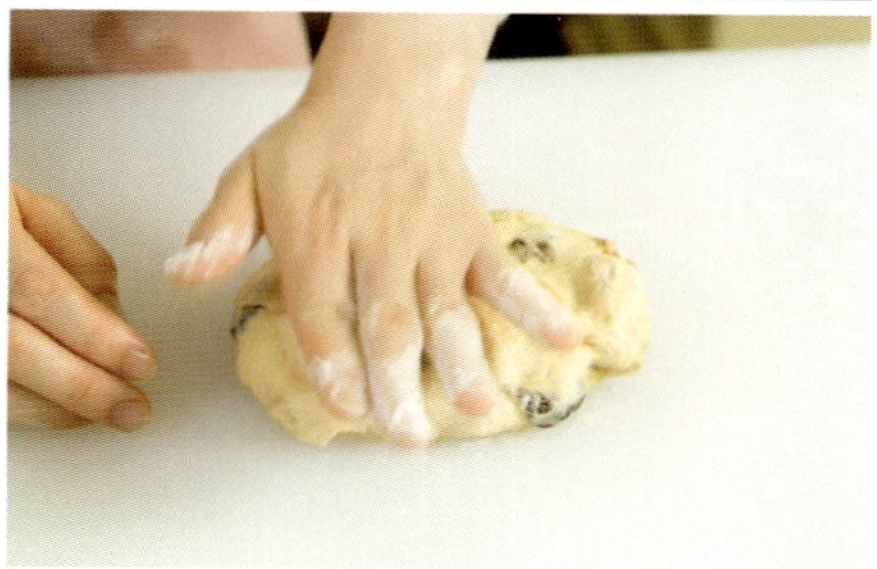

6 軽く叩いて、平らな楕円形にする。

7 二つ折りにして、閉じ口を押さえる。

8 天板に生地を並べ、表面に沸騰させた牛乳をぬる。30分ホイロをとる。

焼成・後処理

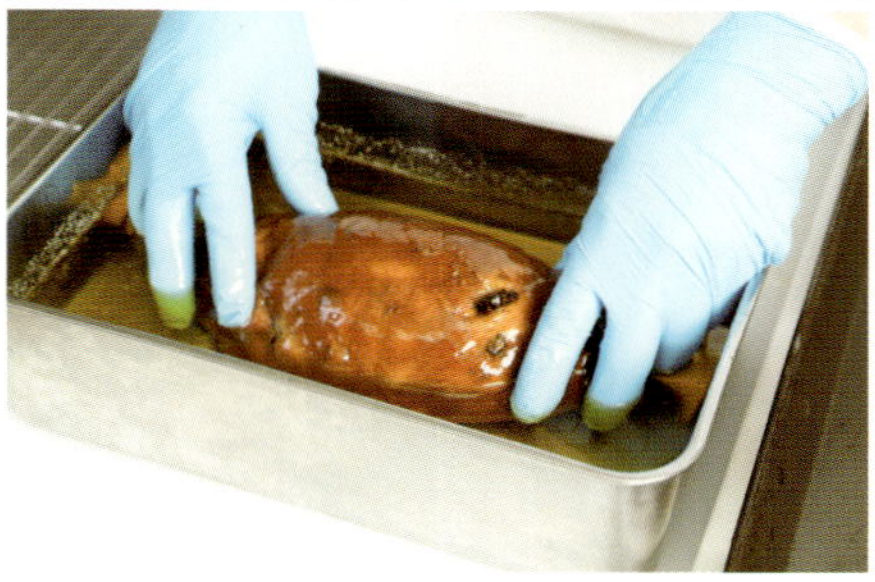

9 上火180℃、下火180℃に設定したオーヴンに入れたのち、上火175℃、下火170℃に落とす。全体で40分間焼成。熱いうちに溶かしバターに3回くぐらせる。

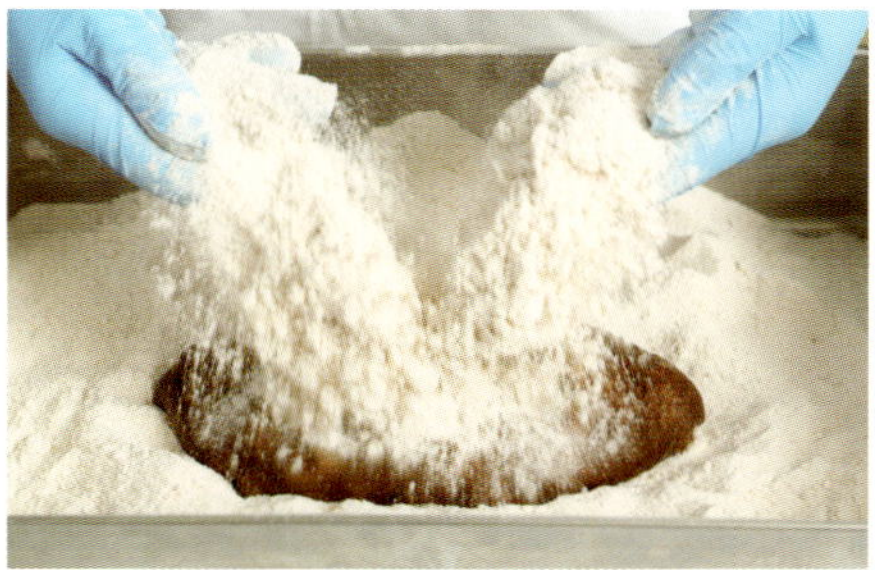

10 バターが落ちついたらシナモンシュガーをまぶす。仕上げに、粉糖をまぶす。

前処理

1 1週間以上漬け込んだドライフルーツ、卵のアパレイユ、バターのマニエを準備する。

ミキシング

2 ドライフルーツとバターのマニエ以外をミキサーであわせる。低速5分、中低速2分、中高速4分が目安。

3 バターのマニエを入れて中低速で4分回す。

4 ドライフルーツを入れ、全体が均一になる程度まで混ざったら止める。

発酵・分割

5 15分ほど発酵をとったら300gに分割。丸めて、そのまま15分ほど休ませる。

配合

■中種

カメリヤ（強力粉）	800g（80%）
牛乳	500g（50%）
生イースト	100g（10%）

＊たて型。L5分、捏ね上げ温度25℃。発酵室25℃、75%で40分おく。

■卵のアパレイユ

全卵	800g（80%）
グラニュー糖	100g（10%）
トリモリン（転化糖）	100g（10%）
塩	50g（5%）

＊塩以外のものをミキサーで攪拌する。泡立てず、砂糖を溶かすイメージで混ぜ、塩は後から加える。

■バターのマニエ

バター	1100g（110%）
カメリヤ（強力粉）	400g（40%）

＊L5分程度混ぜ合わせる。バターは冷たい物を使用。

■パート・フィナル（本捏）

カメリヤ（強力粉）	1000g（100%）
モルト	40g（4%）
レモン果汁	25g（2.5%）
卵のアパレイユ	1050g（105%）
バターのマニエ	1500g（150%）
ドライフルーツ（ブランデー漬け）	2300g（230%）
中種	全量

作業工程

前工程	▶ドライフルーツを漬ける。中種、卵のアパレイユ、バターのマニエを準備する。
ミキシング	▶たて型。ドライフルーツとバターのマニエ以外をミキサーに入れて混ぜる。L5分⇒LM2分⇒MH4分⇒バターを入れる⇒LM4分⇒ドライフルーツを入れる。捏ね上げ温度25℃。
発酵時間	▶15分（発酵室：27℃、75%）
分割	▶300g
ベンチタイム	▶15分
成形	▶二つ折りにして閉じ口をおさえる。表面に沸騰させた牛乳を塗る。
ホイロ	▶30分（発酵室：27℃、75%）
焼成	▶上火180℃、下火180℃→上火175℃、下火170℃、40分。
後工程	▶焼成後、熱いうちに溶かしバターにくぐらせてシナモンシュガーをまぶす。仕上げに粉糖をまぶす。

■シナモンシュガー

グラニュー糖	200g
粉糖	100g
シナモンパウダー	3g
サラダ油	2g

Kouglof salé

クグロフ・サレ

作業工程

ミキシング ▶たて型。L２分⇒LM10分⇒バターを入れる⇒L１分⇒LM５分⇒ベーコンほかの材料を入れる⇒L２分。捏ね上げ温度25℃。

発酵時間 ▶60分⇒パンチ⇒30分（発酵室：27℃、75%）

分　　割 ▶大型300g、中型250g

ベンチタイム ▶10分

成　　形 ▶生地の中央に穴をあけ、アーモンドを並べた型に押し付けるように入れる（型にはバターをぬっておく。軽くローストして水に浸けておいたアーモンドを粗く刻んで型の底に敷いておく。）

ホ イ ロ ▶70分（発酵室：25℃、75%）

焼　　成 ▶上火170℃、下火230℃で約35分。

配合

カメリヤ（強力粉）	800 g	(80%)
スーパーキング（最強力粉）	200 g	(20%)
生イースト	40 g	(4%)
塩	20 g	(2%)
砂糖	80 g	(8%)
全卵	500 g	(50%)
牛乳	300 g	(30%)
バター（無塩）	500 g	(50%)
ベーコン（炒めたもの）	450 g	(45%)
玉ねぎ（あめ色まで炒める）	150 g	(15%)
クルミ（ローストして皮を除く）	350 g	(35%)
黒こしょう	6 g	(0.6%)
ナツメグ	2 g	(0.2%)

アルザスのもう1つの名品
白ワインと合う塩味のクグロフ

アルザス地方のクグロップといえば、サルタナやアーモンドがきいた発酵菓子のほうが日本でも有名ですが、甘くない塩味のものもあるんだよ、とドルフェール氏がドンクの研修生たちに振る舞ってくれたのが、この「クグロフ・サレ（塩味）」です。

ソテーした玉ねぎとベーコンの脂の風味、カリッと軽い食感のクルミを練り込んだ生地は、スライスして、よく冷えたアルザスの銘ワイン、リースリングと合わせると、それだけで最高のごちそうでした。

Pain a la bière

パン・ア・ラ・ビエール

作業工程

前　工　程 ▶ルヴァン種を作っておく。

ミキシング ▶たて型。オールインミックスでＬ３分⇒ＬＭ３分⇒ＭＨ４分。捏ね上げ温度24℃。

発酵時間 ▶45分（発酵室：27℃、75％）

分　　割 ▶300g

ベンチタイム ▶15分

成　　形 ▶三角形に成形してアパレイユ40gを塗って細挽きライ麦粉をふるう。

ホ　イ　ロ ▶45分（発酵室：27℃、75％）

焼　　成 ▶上火240℃、下火220℃→上火230℃、下火210℃で35分。

配合

■ルヴァン種

リスドオル（フランスパン専用粉）	100%
ルヴァン元種※	40%
塩	2%
水	65%

＊すべての材料を合わせてL5分、ML5分、MH2分。捏ね上げ温度24℃、発酵1時間ののち冷蔵。

※ルヴァン元種は、ドルフェール氏が来日に際して持参した元種を継いだもの

■パート・フィナル（本捏）

石臼挽きライ麦全粒粉	170g（17%）
細挽きライ麦粉	170g（17%）
リスドオル（フランスパン専用粉）	660g（66%）
生イースト	20g（2%）
塩	21g（2.1%）
水	600g（60%）
ルヴァン種	830g（83%）
パート・フェルメンテ	250g（25%）
マッシュポテト	80g（8%）
熱湯	320g（32%）

＊マッシュポテトと熱湯は前日にあわせて混ぜておく。

【ビールのアパレイユ】

ビール	350g
石臼挽きライ麦全粒粉	200g
生イースト	5g
塩	4.6g

＊材料をすべて混ぜ合わせて使用。

アルザス名物になった黒ビール風味の創作パン

アルザス地方のブーランジェ、ジョゼフ・ドルフェール氏が地元らしいパンを作ろうと、昔のレシピをヒントに新しく考案したパンです。

時はアルザスのビール祭り。生地にはマッシュポテトを練りこんで素朴な味わいを出し、上に塗るアパレイユには黒ビールを使っていることから、製粉会社とビールメーカーがスポンサーになって、積極的な宣伝を展開しました。その効果はてきめん、このビール風味のパンは瞬く間にアルザスの名物になったのです。

三角形の仕上げと、一見ダッチブレッドを思わせるような表面の独特なひび割れ模様の特徴そのままに、二代目リシャール氏が作り続けています。

Les petits pains gastronomiques

レ・プティ・パン・ガストロノミック

プレゼンテーションの達人
ミニサイズの多様な形が楽しい

　1962年、フェカン（ノルマンディ地方）生まれの若きMOF、ドミニック・ジュラン氏は、プレゼンテーションの達人です。ここで紹介するのは、1998年の来日時にドンクの社内講習会で、レストランでのテーブルパン用として、氏がデモンストレーションを行ったものです。小さいのに一人前の格好をしているミニサイズのものは、なんとも愛嬌がたっぷり。

　焼成前に湯通しするポポットは、ジュラン氏のふるさとフェカンからル・アーヴルの間の地域のスペシャリテです。ジュラン氏のお父さんもパン屋で、若い頃は石窯でパンを焼いており、その熱を利用してお湯をわかして湯通ししていたそうです。

　ジュラン氏は現在はアメリカに居を移し、ポートランドで「サントノーレ」という店を経営する傍ら、製パン技術のコンサルタントとして世界中を飛び回っています。ドンクでは1991年に氏とブランド契約を結んでいます。

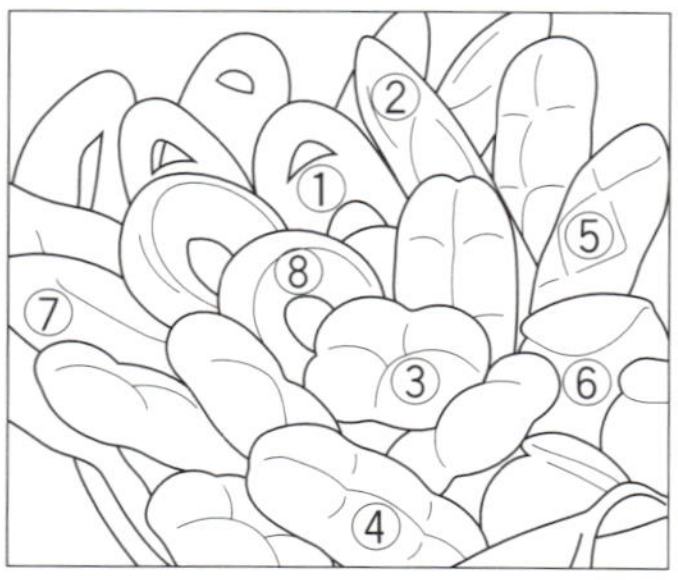

■レ・プティ・パン・ガストロノミックのいろいろ

① Fougasse Monegasque：フーガス・モニギャスク（モナコ風フーガス）
② Baguettinne：バギュティーヌ
③ Popotte：ポポット
④ Marseillais：マルセイユ
⑤ Charleston：シャルルストン
⑥ Tabatière：タバチェール
⑦ Michette de Nice：ミシェット・ド・ニース
⑧ Couronnette：クーロネット

分割・成形

1　スパイラル型で低速６分、高速30秒。インスタントドライイーストは低速30秒後にふりかける。仕上げ種は生地がまとまってから加える。45～60分の発酵時間の後、60～80ｇに分割する。

2　フーガス・モニギャスクの成形。ベーコン入り生地を楕円形にのばし、打ち粉をして、抜き型を利用して丸い切込みを入れる。

3　バギュティーヌの成形。バゲットと同様に成形する。

4　ポポットの成形。小さい丸形にまとめた生地の上から、十字形にめん棒を入れる。

5　マルセイユの成形。棒状にまとめた生地を少し平らにして、写真のようにめん棒を入れる。

6　シャルルストンの成形。同じく棒状にまとめた生地を手のひらで押さえて平らにしてから、ポルカにめん棒を入れる。

7　タバチェールの成形。ミニサイズでも成形方法は同じ。

8　ミシェット・ド・ニースの成形。棒状生地を少しのばして、スケッパーで真中に切込みを入れる。オーツ麦を付着させる。

9　クーロネットの成形。長めのバゲット形を作り、めん棒で中央に筋を入れて、クーロンヌ形にする。

焼成

10　ポポットは焼成前に沸騰させたお湯につける。ベーグルなどでも行う工程で、でんぷんがα化されて食感が変化する。

配合

リスドオル（フランスパン専用粉）…900ｇ（90％）
ライファイン（ライ麦全粒粉）………100ｇ（10％）
ルヴァン・トゥ・ポワン（仕上げ種）※350ｇ（35％）
※配合および作り方はP.37を参照のこと。
サフインスタントドライイースト…0.6ｇ（0.06％）
塩……………………………………………18ｇ（1.8％）
ユーロモルト……………………………… 2ｇ（0.2％）
水 ……………………………………… 680ｇ（68％）

■フーガス・モニギャスク用
上記ガストロノミック生地…………………1000ｇ
ベーコン（ロースト）…………………………300ｇ
リスドオル（フランスパン専用粉）……………50ｇ
パート・フェルメンテ（フランスパン発酵生地）
……………………………………250ｇ

作業工程

ミキシング▶スパイラル型。L６分⇒H30秒。捏ね上げ温度24～25℃
発酵時間▶45～60分（発酵室：28℃、75％）
分　　割▶60～80ｇ
ベンチタイム▶20分
成　　形▶各種
ホ イ ロ▶2時間半～3時間（発酵室：28℃、75％）
焼　　成▶ポポットは焼成前に沸騰したお湯に浸ける。スチームは前。上火230℃下火220℃で30分。

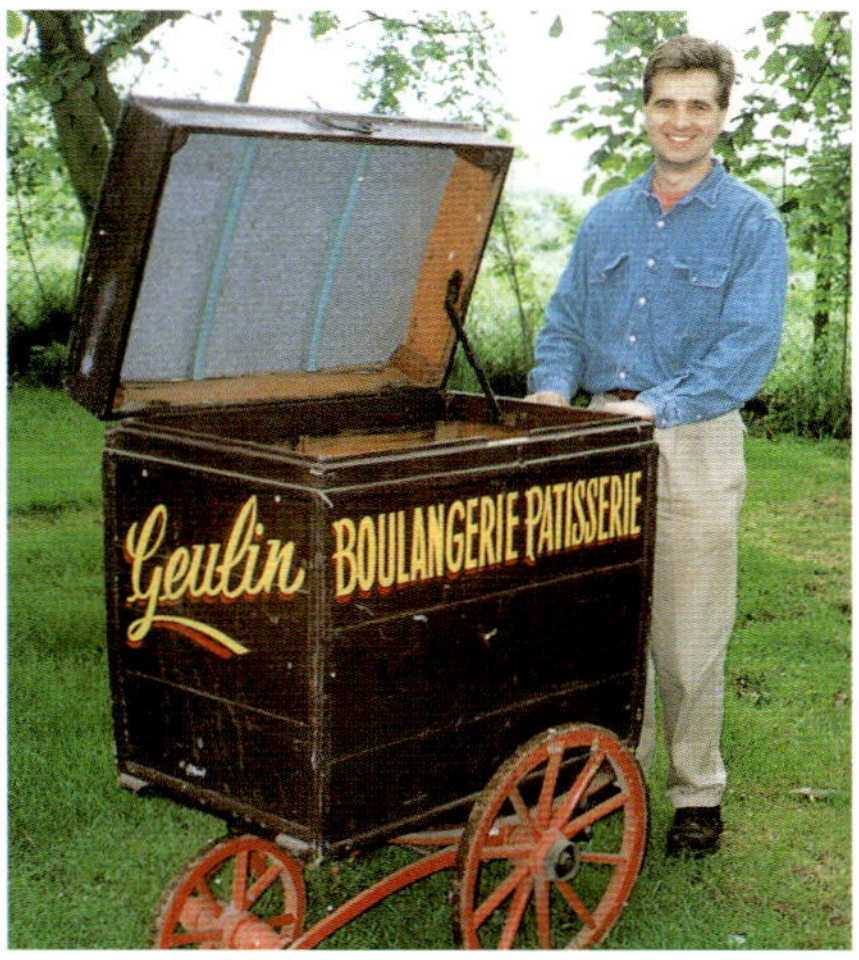

ドミニック・ジュラン（Dominique Geulin）氏と、エトルタにあった両親の店「ジュラン」の昔の移動販売車。

Pain rustique
パン・リュスティック

水分が多く、かつ練らない この製法披露で 日本のパン業界に衝撃

ジェラール・ムニエ氏のパン・リュスティックのレシピは、水が多く、かつ練らないのが特徴です。パン生地にストレスを与えることなく、長時間発酵させながら仕上げていく方法です。これは第二次大戦前から続いていた製法なのですが、ムニエ氏が居抜きで買ったパン屋の、前の持ち主のルセットに彼が改良を加えたものです。改良剤の入っていない純粋な小麦粉を探していたムニエ氏と製粉業者ヴィロン社の劇的な出会いの後、ヴィロン社がこの製法をムニエ氏から習得し、冷蔵でオーバーナイトさせる方法とともに業界に広めました。

１９８３年にパリ19区で彼が経営していたパン屋では、スラントミキサーで5分しか回さず、水も70％（普通は65％程度）近く入れた〝水が多くて練らない〟生地でバゲットを焼いていました。同じ生地から作るパン・リュスティックは、まさに名前どおりの野趣的なイメージがピッタリ。

ムニエ氏もカルヴェル氏の愛弟子で、１９８６年にドンクの招きで日本でパン・リュスティックを披露したとき、最初はカルヴェル氏のレシピ（パート・フェルメンテ法のフランスパン）でやるつもりでした。「ムニエの店のあのパン・リュスティックを作らないと意味がない」という ドンク社員の必死の説得に、彼も納得。そうして作られたものは、フランスパンの味がわかる人には、衝撃的なものでした。

ミキシング

1　あまりにもミキシング時間が短く、水も多いので、インスタントドライイーストは30℃の湯に溶かして使う。塩も念のため溶かしておく。

2　残りの水を加え、低速で3分。材料が混ざったらミキシング終了。23～24℃で捏ね上げ。

3　生地をつかんでもちぎれてしまう。フランスパンの一般的なミキシングとは大きく異なる。

発酵

4　30分間発酵させて、1回目パンチ。打ち粉をした台の上に生地を広げて、端からガスを叩くような感じで全体に。左右を三つ折りし、向きを変えて三つ折りしてパンチ。（ムニエ氏の店ではミキサーに入れたままの生地を、このとき再びミキサーをまわして数秒で止めた。）

5　90分後2回目のパンチも同様に行う。（ムニエ氏の店ではミキサーからボックスに移す作業がこのパンチに相当する。）

6　30分後、生地の力が足りなさそうなら、その程度に応じて二つ折りないしは三つ折りを行う。最後に厚さを均一にして、長方形になるように形を整える。

分割・成形

7　20分休ませた後、1個分が200gになるようにカットする。（全体の量から何等分したら所定の量になるかを計算すればよい。）成形しないパンなので、分割後は注意して布に並べる。折り目はパンを寄せるようにタイトに折る。

ホイロ

8　ホイロは生地の強さによるが、約40分でさわって、生地の芯がないようならカマ入れする。

焼成

クープを入れて、焼成。通常のフランスパンの焼成温度よりも10～20℃高めに設定し、カマ入れ後下げる。スチームは少なめ。

リュスティック・ノアを作る場合

1回目のパンチの三つ折りの際に、クルミの6割量を散らして折り、さらに向きを変えて三つ折りする時、残りのクルミを散らして折りたたむ。以下はプレーンと同様。

配合

リスドオル（フランスパン専用粉）1000g（100%）
サフインスタントドライイースト……4g（0.4%）
塩……20g（2%）
ユーロモルト……2g（0.2%）
水……720g（72%）
〈アレンジ〉
★リュスティック・ノア：上記生地1000gに対して
クルミ170g

作業工程

ミキシング▶たて型。L3分。捏ね上げ温度23～24℃。
発酵時間▶30分⇒パンチ⇒90分⇒パンチ⇒30分。（発酵室：26℃、75%）
分　割▶200g
成　形▶しない
ホイロ▶40～50分（発酵室：27℃、75%）
焼　成▶焼成前にクープ。スチームは少なめ。上火260℃、下火250℃に設定しておき、パンを入れてから上火240℃、下火230℃に下げる。30分焼成。

ジェラール・ムニエ（Gerard Meunier）氏

Pain français en direct(Sübrot, Baguettes traditionnelles, Pain fendu)

長時間発酵フランスパン

（スブロート、バゲット・トラディショネル、ファンデュ）

バゲットの黄金時代の製法
少ないイーストでゆっくり発酵

ここでいう長時間発酵とは6時間。今でいえば、超長時間ですが、これは１９２０年代にパリで生まれた製法です。１８６７年のイーストの出現以来、ルヴァンからイーストを使った製パン法に移行していきますが、最初のうちは使うイーストの量は少なく、長時間発酵させるのが普通でした。

１９２０年代から40年までのいわゆるベル・エポックと呼ばれる時代は、パンにとっても至福の時で、今、日本で長時間発酵といわれる時間の倍の時間をかけたものでした。この長い発酵時間は、パン屋が寝る時間でもあり、前日に生地を仕込んでパンチしてから就寝し、夜半におきて作業場に入れば、すぐ分割にかかれるという、すこぶる合理的な製法でもあったのです。

現在ドンクの社員であるシモン・パスクロウ氏が、コンパニオン時代にお世話になったストラスブールの店でやっていたのが、この長時間のディレクト法です。スブロートはアルザスのスペシャリテで、小銭（スーは昔のお金の単位）で買えるパンという意味。２kgのパンの量目調整用に使われていたとか。

シモン氏は、パリでは、１９８７年～89年にかけて、86ページで紹介したムニエ氏の店で働いていました。ムニエ氏とともにドンクの招きで来日し、講師を務めたこともあります。その縁あって、１９９０年からドンクの外国人技術者として技術指導にあたっています。

6 バゲット・トラディショネルの成形。生地を転がせるようにして、バゲット状に成形する。

7 スブロートの成形。二つに大分割した生地を、それぞれうすくのばす。

8 手にバター(ラードでもよい)を付け、1枚の生地の表面にまんべんなく塗り、粉をふる。余分な粉をブラシではたく。

9 その上にもう1枚をのせ、めん棒でのばした後、帯び状に切り、さらにひし形にカットする。ひし形の生地を2枚の接着面を上に立てて2つずつくっつける。

ホイロ

10 布を寄せて生地がだれないようにする。28℃で45分ホイロをとり、焼成。他のものも所定のホイロをとって焼成。

スブロート。焼成前（左）と焼成後（右）。

ミキシング

1 材料を一度に入れて、スパイラル型で低速で2～3分、ミキシングをかける。

2 15分のルポ・オートリーズ後の生地。粉と水をあわせることで酵素が働きグルテンがのびやすくなる。この後さらに低速で3分ミキシング。

発酵

3 発酵を30分とった後、パンチ。生地はさほど発酵していないが、パンチして生地に力を与える。叩かずにひっぱるだけ。

4 28℃で6時間発酵させたあとの生地。24℃なら7時間半発酵させる。生地は充分にガスを含んだ状態。

分割・成形

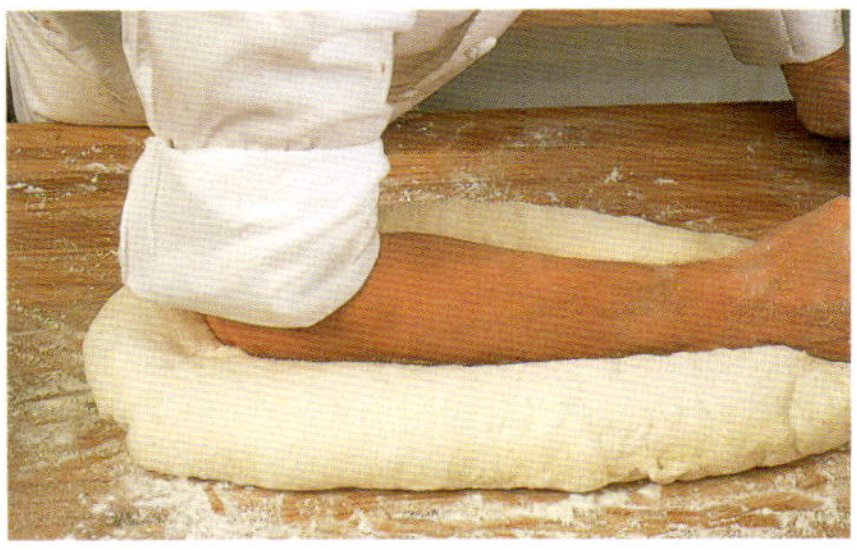

5 500gに分割したファンデュの成形。はじめブローの形に成形して少し休ませた後、腕で割れ目を入れる。めん棒でもよい。

配合

リスドオル（フランスパン専用粉）	1000g（100%）
サフインスタントドライイースト	2g（0.2%）
塩	18g（1.8%）
ユーロモルト	3g（0.3%）
水	680g（68%）

作業工程

ミキシング▶スパイラル型。L2分30秒⇒ルポ・オートリーズ15分⇒L3分。捏ね上げ温度23℃。

発酵時間▶30分⇒パンチ⇒6時間（発酵室：28℃、75%）。24℃の室温なら7時間半。

分割▶スブロート1kg×2の大分割。バゲット・トラディショネル220g、ファンデュ500g

ベンチタイム▶スブロート30分、バゲット・トラディショネル30分、ファンデュ15分で丸めなおし。

成形▶各種

ホイロ▶スブロート45分、バゲット・トラディショネル25分、ファンデュ60分（発酵室：28℃、75%）。

焼成▶焼成前にクープ。スチームは前。上火を260℃、下火250℃に設定しておき、パンを入れてから上火240℃、下火230℃に下げて22分焼成。ファンデュは上火220℃、下火210℃で40分焼成。

シモン・パスクロウ（Simon Pasquereau）氏

Saint-Jean
サン・ジョン

有機栽培のフランス産小麦で指定の製法で焼く「昔風のパン」

　これは、材料と製法がそろってこそ成り立つパンとして紹介します。

　２００５年９月、ドンクはパリの「ビオ・パン」の先駆者であり、パリ市内に複数店舗を展開するミッシェル・モワザン氏と提携しました。氏は「化学物質を使わない自然食品だけを提供したい」との思いから、それまで25年経営したレストランから方向転換し、両親が営んでいたパン屋をヒントに１９９７年、60歳をすぎて「すべての食材を有機栽培からなるビオでまかなうパン屋」をスタートさせた人物です。

　ビオとはbiologiqueのことで日本語では無農薬・有機農法と訳されますが、言い方を変えれば昔ながらの栽培法。フランスでは健康のイメージも含めて使われる言葉になっています。

　モワザン氏のパンを再現するには、材料だけでは事足りません。これらの材料にみあった製法、つまり発酵時間をはじめとする各工程も昔風を復習し、「かつてあった美味しさ」を追求するのです。

　ドンクは、氏がパリで使っているビオの小麦粉を輸入し、ＪＡＳのオーガニック認定を受けて使用しています。また、パリのモワザンの店でトレーニングを受け、材料の持つ力を最大限、日本で表現しています。

前工程

1　前日からポーリッシュ種を準備する。

ミキシング

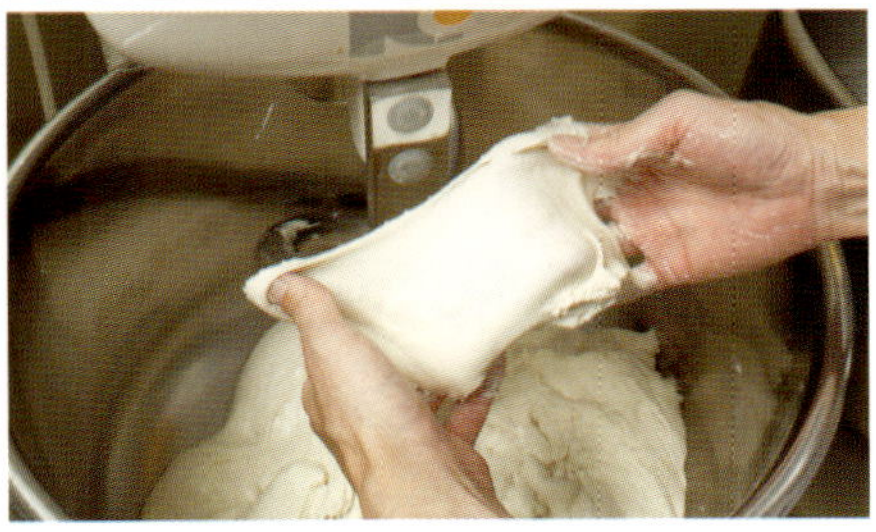

2　粉に塩とモルト、水（バシナージュ以外）を加える。ポーリッシュ種も加え、低速にかける。回しながらイーストも加え、全体で８分捏ねる。その後、高速で２分捏ねる。

3　低速で回しながらバシナージュ（足し水）する。生地がつながったら高速に変えて２０秒捏ねる。

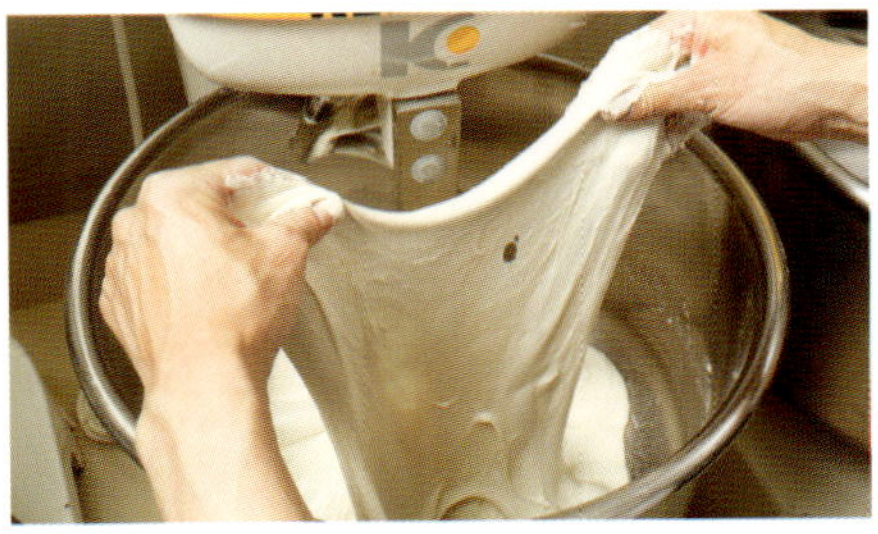

4　捏ね上がり。捏ね上げ温度22℃。ボックスに入れて室温で40分発酵させる。

発酵

5　作業台に出して、パンチする。左右から三つ折り、上下から三つ折りする。

6　ボックスに戻し、８℃の冷蔵庫で１晩（１５～１６時間）おく。

7　翌日、冷蔵庫から出してパンチを入れ、ボックスに戻す。そのまま室温で約110分おき、さらにパンチを入れる。再びボックスに戻して70分おく。

分割

8　ボックスから窯前にあけて、生地全体の端を整える。

9　生地を端から切っていく。成形はしない。

焼成

10　生地の表（発酵のとき上面、切るときに下面だった方）が上になるようにスリップピールに移す。

11　上火240℃、下火220℃に温めたオーヴンにスチームを入れてから挿入し、50分間焼成。

配合

■ポーリッシュ種

T65……………………………………300ｇ（30％）
インスタントイースト（青）……………１ｇ（0.1％）
水………………………………………300ｇ（30％）
＊手混ぜ。捏ね上げ温度22～23℃。発酵１時間ののち冷蔵庫（８℃）で１晩（18時間）寝かせる。

■パート・フィナル（本捏）

T65……………………………………700ｇ（70％）
インスタントイースト（青）……………2ｇ（0.2％）
インスタントイースト（赤）……………１ｇ（0.1％）
セル ブランジュリ（フランス・カマルグ産海塩）
……………………………………………22ｇ（2.2％）
ユーロモルト …………………………３ｇ（0.3％）
水…　355g＋バシナージュ分100g（35.5＋10％）
ポーリッシュ種 ……………………………… 全量

作業工程

前　工　程▶ポーリッシュ種を準備する。
ミキシング▶スパイラル型。Ｌ８分⇒Ｈ２分⇒バシナージュ（足し水）しながらＬ４分⇒Ｈ20秒。捏ね上げ温度22℃
発酵時間▶40分。パンチして８℃の冷蔵庫で１晩おく。翌日パンチし、室温で110分後さらにパンチを行い70分おく。
焼　　成▶窯前でカット（分割）し、スリップピールにのせてカマ入れ。スチームを入れ、上火240℃、下火220℃で50分、焼成。

ミッシェル・モワザン（Michel　Moisan）氏

Galette des rois
ガレット・デ・ロワ

作業工程

①砂糖と塩を冷水で溶かす。バターはポマード状にして粉と合わせる。両方をあわせてL 4分（たて型）。

②つき丸めをして表面に十字にカットを入れ、ラップで包み、1晩冷蔵する。

③折込み用のバターと粉を合わせてシート状にし、冷やしておく。

④②の生地で③のバターを包み、休ませながら三つ折り6回。最終厚2㎜までのばし、23cmの四角形にカットして休ませる。

⑤生地の上にアーモンドクリームをのせ、端にアーモンド1粒（分量外、フェーヴとして）を置き、もう1枚の生地をかぶせる。

⑥冷蔵庫で冷やし、直径21cmのセルクルにそってナイフで縁をカット。指で押さえながら側面から内側に1cm弱の切れ目を入れていく。

⑦一晩冷蔵庫で休ませる。翌日、表面に溶き卵を塗って飾りの切れ目を入れ、焼成。9割焼けたら表面に粉糖をふってカマの温度を上げ、表面をカラメリゼさせる。全体で上火180℃、下火180℃で70分。

配合

■生地

テロワールピュール（フランスパン用粉）……700 g（70%）
砂糖……10 g（1%）
塩……20 g（2%）
バター（無塩）……100 g（10%）
水……320 g（32%）

■折込み用バター（前処理）

バター（無塩）……800 g（80%）
テロワールピュール（フランスパン用粉）
……300 g（30%）

【アーモンドクリーム】

◎材料

アーモンドプードル（シシリー産）……100 g
粉糖……100 g
バター（無塩）……100 g
全卵……100 g
バイオレット（薄力粉）……10 g
ラム酒……5 g

◎作り方

①バターをミキサーでたてる。クリーム状になったら粉糖を加え、白くなるまでたてる。

②卵を溶いて温め、少しずつ加えて乳化させる。

③軽くローストしたアーモンドプードルとバイオレットを合わせてふるい、②に加えて混ぜる。全体がムラなく混ざれば良い。

④ラム酒を加えて軽くまぜる。

1月を彩る伝統のお祝い菓子 フェーブが当たれば王様に！

1月はじめ、キリストの生誕を祝う三人の学者が東方からかけつけたという話にちなんでフランス全土で楽しまれているお祝いの伝統菓子です。

日本語に訳すと「王様たちのお菓子」。ここでの王様とは三人の学者のことです。

土地によって生地や仕上げに違いがありますが、ドンクでは1963年に渡仏した菓子職人高橋哲夫の帰国後すぐの1965年に、このパイ生地タイプのガレット・デ・ロワをスタートさせました。

もともと中にソラマメ（フェーブ）を1個入れておき、切り分けたときにあたった人が王様または女王様役になれる、といった楽しい仕掛けのある菓子ですが、現代のフェーブは意匠を凝らした陶製が定番です。事故防止のため、フェーブの代わりにアーモンドやグミにすることもありましたが、今日では陶製を別添えでお渡しするようにしています。

Cannelé de Bordeaux
カヌレ・ド・ボルドー

作業工程

① 牛乳を火にかけ、沸騰寸前でおろし、30～35℃まで放置冷却する。

② グラニュー糖とバイオレットを合わせ、よくほぐした卵を加える。混ぜすぎないように注意する。

③ ①の牛乳を少しずつ②に加え、ホイッパーで混ぜながら、平均した生地を作る。

④ ヴァニラエッセンス、ラムペーストを加え、溶かしたバターを均一に混ざるように合わせる。裏ごしして1晩冷蔵庫（5～8℃）で生地を安定させる。

⑤ 翌日、バターを塗った型に生地を良く混ぜてから90g流し入れる。コンベクションオーブン180℃で50分焼成。

配合

牛乳	1000g
グラニュー糖	400g
全卵	240g
バイオレット（薄力粉）	200g
ラムペースト	35g
バター（無塩）	40g
ヴァニラエッセンス	5g

ボルドー伝統の焼き菓子 日本でも爆発的なヒットを記録

フランス南西部、ワインで有名なボルドー地方の焼き菓子です。16～17世紀、この地区の修道女たちの食べ物だったものが、戦後、レシピが復活されて現代に伝わっています。

外はカリッとして、中はもちもちとした独特の食感。黒いながらもかわいい形も目を引きます。

ドンクは1991年に現地の協会を訪ね、作り方を習い、伝統の味を脳裏に焼き付けて帰国しました。しかし、その黒尽くめの姿ゆえか、日本で人気が出たのは発売から数年ものちの1996年のこと。テレビ放映がきっかけでした。勢いはとまらず、その年はなんと銅製の型を11,000個も仕入れたほどでした。

カヌレ協会から「本物のカヌレを売る店」としての認定証も届いた。当時は「似て非なるもの」も多かった

Pain décoré

飾りパン

配合

■ベースのパン

パン・オ・ルヴァンに同じ（P.36〜37参照）

■上にのせる飾り用生地（パート・モルト）

リスドオル（フランスパン専用粉）…………1000 g

塩 ……………………………………………… 25 g

ショートニング…………………………………100 g

水…………………………………………………400 g

＊たて型でL 8 分。冷蔵して休ませる。

ガナショー氏のパン・ド・カンパーニュ

クーロンヌ
COURONNE

パン・ロン・ド・カンパーニュ
PAIN LONG DE CAMPAGNE

　ベルナール・ガナショー氏は、1930年生まれのMOF。芸術文化功労者シュヴァリエ賞まで受賞している、芸術家肌のブーランジェです。1989年に2人の娘が「ラ・フリュート・ガナ」というパン屋をパリ20区に開いてからは、自身の店はオーナーを降りて、もっぱら技術指導などにあたっています。

　店の名前にもなっているフリュート・ガナは、この店のスペシャリテ。ポーリッシュ法によるもので、普通のバゲットよりもコシが強く、また味わいも深いものがあって、遠く車で買いにくる人もいるほどの超人気商品です。

ベルナール・ガナショー（Bernard Ganachaud）氏と娘のヴァレリー・ガナショーさん。「ガナショー」店の前で。

イベントの華
細工用生地の扱いが難しい

　ドンクでは、1980年4月に、神戸本山工場と青山店にてベルナール・ガナショー氏から技術指導を受ける機会に恵まれました。氏はパリの自分の店からルヴァン・ナチュレルのシェフを持参して、パン・ド・カンパーニュを披露。その上にパート・モルト（酵母の入らない飾りパン用細工生地）で麦やブドウの細工をした飾りパンは、以後ドンクにとって、イベントなどに欠かせないアイテムとなりました。

　パンの上に細工生地をのせて焼くのは、収穫の祝いとして始まり、最初は細工生地は台のパン生地をそのまま使っていたのでしょうが、生地は生きているので、仕事がやりにくい。そこで、粉を足してもっと細工のしやすい硬い生地に変化したようです。今でもポワラーヌのミッシュの上にのせられる細工生地は、ミッシュの生地に粉を足しながらドゥシーターで折りたたんで作っていくもので、最も素朴な飾りパンのスタイルです。

St. Galler Bürli brot

サンガレル・ビューリー・ブロート

作業工程

ミキシング▶たて型。吸水63%からスタート。L2分⇒LM8分⇒残りの水を少しずつ足す⇒LM8分。捏ね上げ温度25℃。

発酵時間▶20分⇒パンチ⇒30分⇒パンチ⇒30分⇒パンチ⇒20分。(発酵室:27℃、75%)。

分　　割▶フォークでピッキングしてから両手ですくいとるように分割。90g×4個で製品1個分。

ベンチタイム▶なし

成　　形▶軽く粉をまぶした4玉を十字に合わせて、スリップピールのシート上に置く。

ホ　イ　ロ▶なし

焼　　成▶上火を250℃、下火235℃でスチームを入れ、35分焼成。

配合

リスドオル(フランスパン専用粉)…500g(50%)
オーション(強力粉)……………………500g(50%)
サフインスタントドライイースト……12g(1.2%)
塩…………………………………………22g(2.2%)
ユーロモルト……………………………10g(1%)
水………………………………………750g～(75%～)

スイスの十字形のパン 水分が非常に多いのが特徴

サンガレルはスイスの州の名前。その名を冠したこのビューリー・ブロートはすだちの美しいパンです。水分が75%と非常に多く、生地も形をなさないため、分割した玉4つをそのまま十字の形にくっつけてフランスパン生地よりも高温ですぐに焼き上げます。

スイスではライ麦を使うことも多いのですが、このパンは小麦粉だけで作られているので、高級な部類のパンに属し、パン屋では4玉のうち1個だけとか、半分でも売っているとか。

このルセットはワルター・メトゲ(Walter Metge)氏が、1985年にドンクの招きで来日した時に紹介したものです。メトゲ氏はチューリッヒにある「ベッカライ・ブーフマン」の製パン技術者で、ドンクの三橋俊二がブーフマン社に製パン・製菓の修行に行ったときに指導を受けた人です。

この来日時に、メトゲ氏はビューリー・ブロートのほかチューリー・ブロート、フォルコン・ブロートなど、数々のスイスパンを紹介しました。

Panettone

パネトーネ

イタリアの伝統的発酵菓子
リエビトで15時間の中種発酵

もともとはミラノのクリスマス用の発酵菓子でしたが、今ではイタリア各地で一年中店頭で見かけるようになりました。それでもやはりクリスマスは特別なのか、その時期になると、自分のひいきの店のパネトーネを知人や親戚に贈る習慣があるそうです。イーストを使わず、リエビト・ナトゥラーレと呼ばれるオリジナルな培養酵母を使って、中種法でじっくり発酵させます。バター、卵、砂糖、牛乳など副材料も多く、軽く１ヶ月、大型のものは数ヶ月くらいは日持ちします。

今のようなたて型のパネトーネが焼けるようになったのは、第二次世界大戦後のことで、それまではもっと背の低いものが出回っていました。パネトーネは工場生産されるようになって、世界的に名を知られるパンになっていきますが、その下地を築いたのが、ミラノの有名菓子店〝モッタ〟の店主、アンジェロ・モッタ。そのモッタの店で菓子職人としてのスタートを切ったのが、オリンド・メネギン氏です。

オリンド氏は、イタリアの伝統的発酵菓子、なかでもパネトーネやパン・ドーロの製造技術に精通しており、イタリアで初めてバールでこれらの切り売りを展開した人でもあります。

オリンド氏のバディア・ポレージネにある店〝サンレモ〟は、遠くからでもパーティー用の菓子の注文が舞い込むほどの繁盛ぶりで、この地域屈指の有名店です。

オリンド氏は１９８５年から、これらの製造技術をドンクに伝えるため、さらには品質チェックのために、毎年来日。１９９９年には、イタリア菓子を国内外に広めた功績に対して、大統領から上級騎士勲章を授与されました。

6　あらかじめバター（分量内）をからめておいたサルタナ、オレンジピール、チェドロを混ぜて、ミキシング終了。

分割・成形

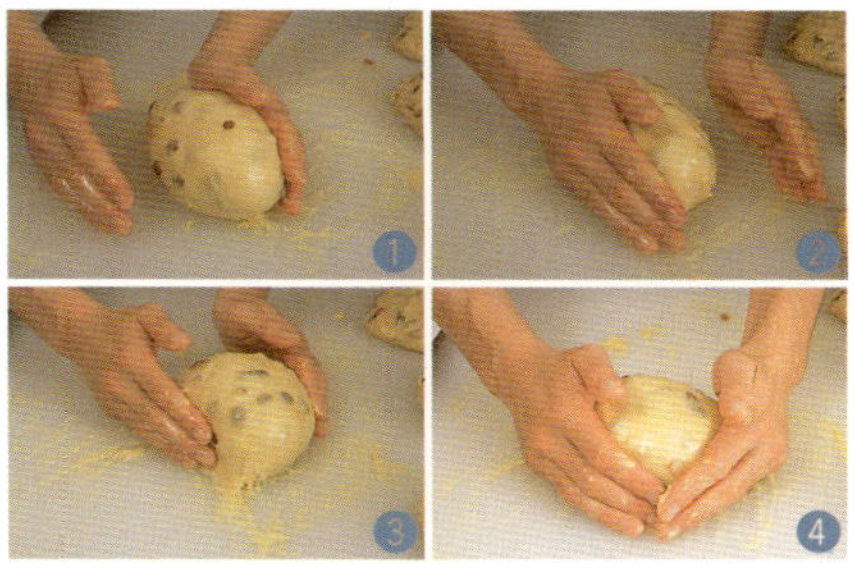

7　サラダオイルを台の上にぬり、分割した生地を左右に転がすようにして丸め､紙型に入れる。

焼成

8　焼成前に生地の頭の部分をナイフで十字にカットして、切り口を広げる。

9　カマのびしやすくするために、ここに溶かしバターをぬる。

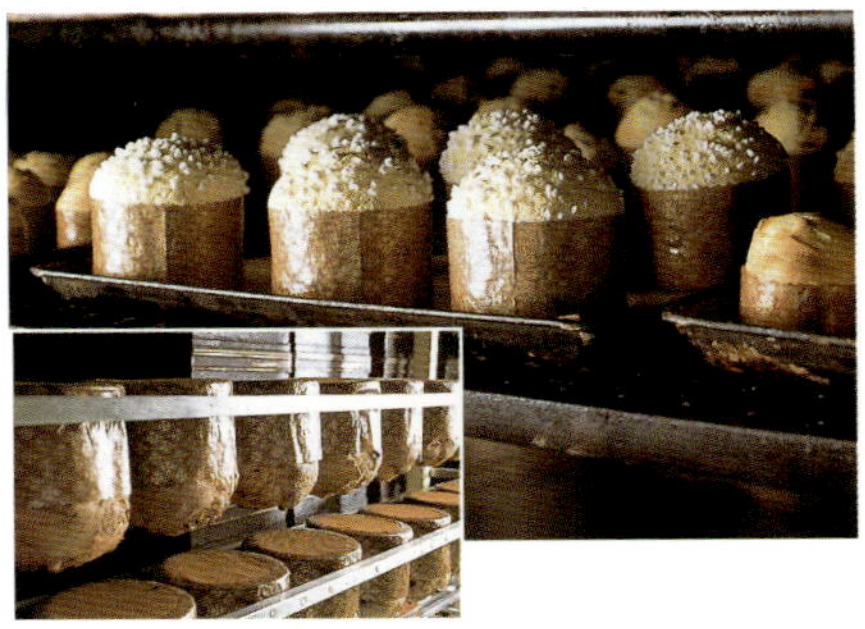

10　200℃で40～60分焼成。焼成工程半分で下火を落とす。焼成後、腰落ちしないように逆さにして一晩置く。

前工程

1　完熟状態の中種。材料をすべて加えてアートファックス型ミキサーで25分。捏ね上げ温度24℃を厳守。これを室温23～25℃でオーバーナイトさせたもの。写真のような膨倍計でいつも一定のボリュームになるように管理をする。

ミキシング

2　中種だけでミキシングしてグルテンをつなげてから、砂糖、卵黄、ハチミツを3回に分けて入れる。

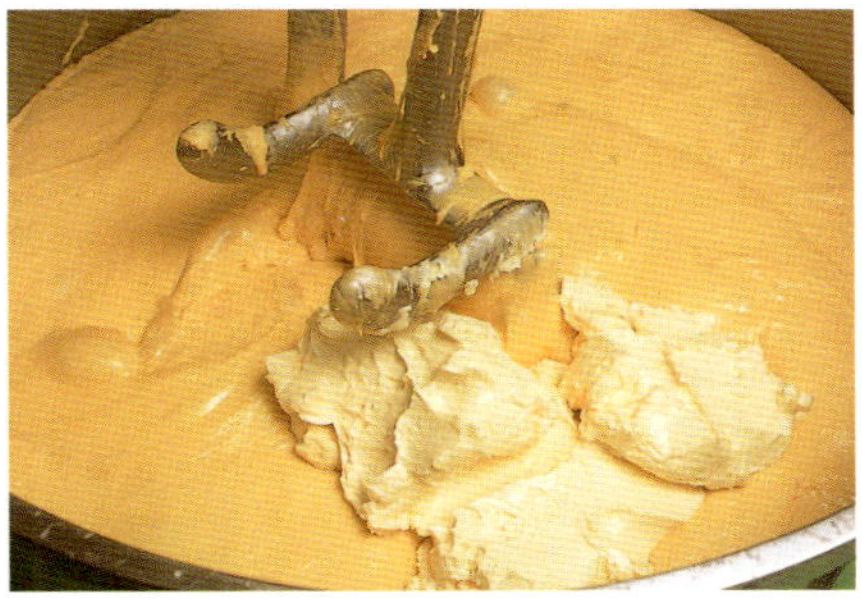

3　バターを加える。これも2～3回に分けて入れる。

4　アートフェックス型で約40分ミキシング。

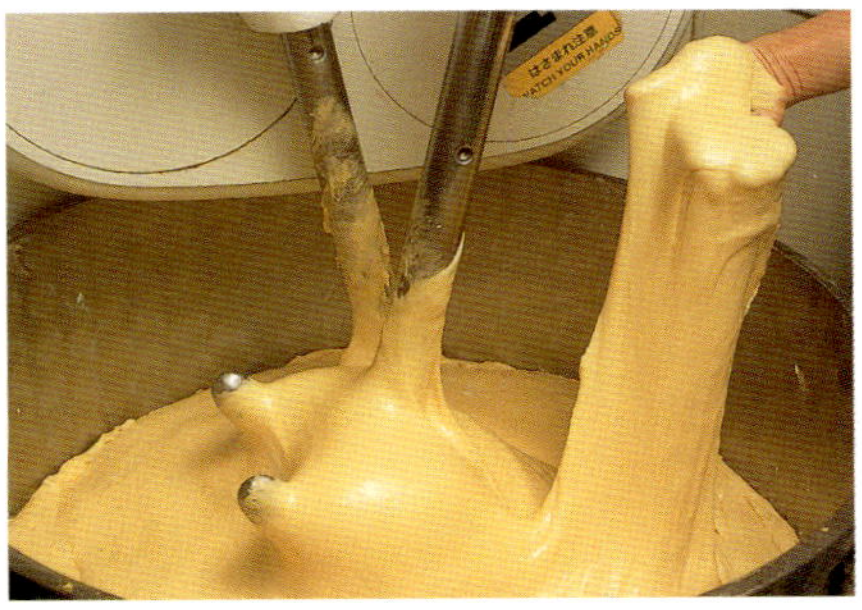

5　終了直前に塩を入れ、香料も入れる。生地は軟らかいが、グルテンをきちっとつないでいるので、しなやかによくのびる。

参考配合

■中種

リエビト・ナチュラーレ	500 g
リスドオル（フランスパン専用粉）	2100 g
砂糖	350 g
ユーロモルト	30 g
バター	350 g
全卵	200 g
水	600 g

■本捏

砂糖	430 g
卵黄	380 g
ハチミツ	200 g
バター	350 g
塩	24 g
ヴァニラ	適量
オレンジエッセンス	適量
レモンエッセンス	適量
サルタナ	700 g
チェドロ	200 g
オレンジピール	200 g

注：上記配合は参考配合のため、左の工程と必ずしも一致しません。

パネトーネの名前の由来

パネトーネの名前がどこからつけられたかについては、聖ビアジョの伝説、トニーのパン説など諸説あります。

トニーのパン説のひとつを紹介すると、その昔、ミラノの菓子店トニーの娘にさる良家の若者が恋をします。しかし菓子屋は平民身分、平民の娘との結婚を両親が許すはずがありません。そこで若者は狩に使っていた鷹を売って、そのお金で最上の小麦粉、卵、バター、サルタナなどの材料を揃え、トニーに最上のクリスマス用のお菓子を作らせるのです。これが「トニーのパン」。転じてパネトーネ。

これが大受けしてトニーはひと財産築き、若者と娘の結婚も許されることになったそうです。

オリンド・メネギン（Olindo Meneghin）氏

Pan doro

パン・ドーロ

生地も黄色い“黄金のパン”
1ヶ月以上の日持ちが可能

パネトーネと同様にクリスマス用の発酵菓子として有名です。18世紀頃のベローナで作られたのが始まりとされ、パン・ドーロとは黄金のパンの意味。その名のとおり、生地の色も黄金色で、これ以上リッチな配合のパンはないといっても過言ではありません。

パン・ドーロにもリエビト・ナトゥラーレを使いますが、それだけでは発酵に時間がかかりすぎるため、ビガ種という生イーストを加えたものを使って、発酵の安定を図っています。ドンクが使っているリエビト・ナトゥラーレは、メネギン・オリンド氏の使っているものと同じで、30年間種継ぎされてきたものです。

オリンド氏の製法はイタリア国内でも最高品位にランクされるものですが、氏との契約上公開できないため、97ページと99ページの配合はドンクが20年前に指導を受けたイタリア人技術者のレシピを紹介してあります。

パン・ドーロといえば、あの星形の独得な形を思い浮かべる人も多いでしょうが、あの形もひだを出すことによって、内部まで火の通りをよくするためという、合理的な理由によるもの。パネトーネと同様に焼きあがってから何日か置いた方がおいしくなり、配合や製法とあいまって、長期の日持ちが可能です。

6 パンドリーノ、ルネッタ、ブォンディも成形後、各種型に入れる。

焼成

7 12～14時間のホイロ後、200℃で40～60分焼成。

パン・ドーロ生地を使ったヴァリエーション

復活祭を祝う発酵菓子コロンバ。コロンバは鳩の意味で、パン・ドーロ生地を利用して鳩をかたどった型に入れて焼成する。表面にマルツァパーネ（アーモンドメレンゲ）をぬり、アーモンドとあられ糖をふる。

パン・ドーロ生地からのヴァリエーション。右から粉糖がけのパンドリーノ、パンドリーノ、ブォンディ、ルネッタ。

前工程

1 リスドオルに牛乳に溶かした生イースト、砂糖を加える。これをビガ種という。生イーストを少しだけ加えるのは、発酵を助けるため。

ミキシング

2 本捏スタートの状態。リエビト・ナトゥラーレから何段階か経た種、ビガ種、本捏用の材料（バターと卵黄はのぞく）を混ぜて、アートフェックス型でミキシングにかける。

3 卵黄とバターをエマルジョンしたものを、3回に分けて投入。

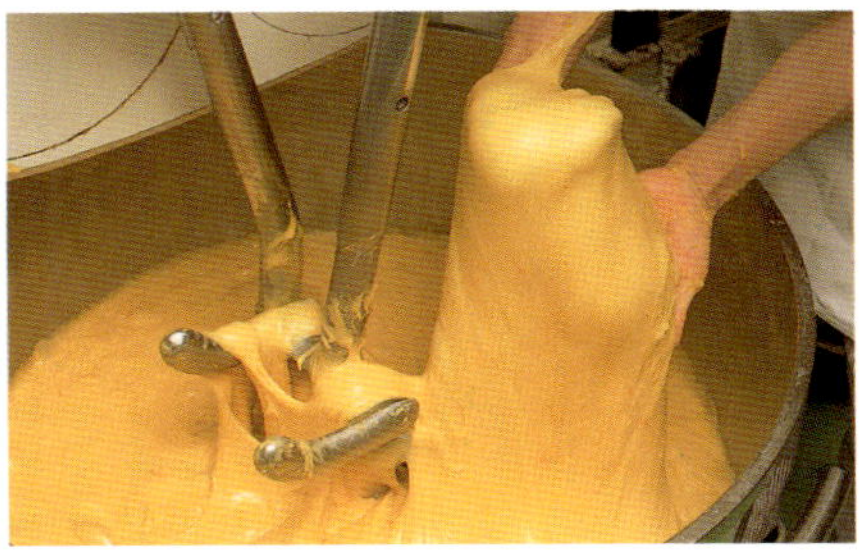

4 ミキシング終了時点の生地。なめらかでよくのびる。

分割・成形

5 分割した生地を少し休ませた後、両手の中で右に左にホッケーの玉のように転がして丸めて、型に入れる。

参考配合

①
- リエビト・ナチュラーレ……500 g
- リスドオル（フランスパン専用粉）……720 g
- 砂糖……120 g
- バター……120 g
- 全卵……200 g
- 牛乳……100 g

②ビガ種
- リスドオル（フランスパン専用粉）……280 g
- 生イースト……60 g
- 砂糖……40 g
- 牛乳……168 g

③
- リスドオル（フランスパン専用粉）……600 g
- 砂糖……180 g
- バター……180 g
- 卵黄……180 g

④
- リスドオル(フランスパン専用粉)……1200 g
- 砂糖……400 g
- ハチミツ……600 g
- 卵黄……1200 g
- バター……1000 g
- 塩……40 g
- ヴァニラ……適量

注：上記配合は参考配合のため、左の工程と必ずしも一致しません。

リエビト・ナトゥラーレ

リエビト・ナトゥラーレと呼ばれるパネトーネ種。親種（パスタ・マードレ）はイタリアで30年間種継ぎされたものを使用し、毎日更新して保管している。ビニールとキャンバス布に包み、ロープがけしておく。パネトーネ、パン・ドーロの両方に使う。下はリエビト・ナトゥラーレの断面。

Bara brith
バラ・ブリス

アン・ルウェリン（Anne Llewellyn）氏

配合

石臼挽き小麦全粒粉……………………………450 g
ブラウンシュガー………………………………220 g
全卵…………………………………………………100 g
牛乳…………………………………………………100 g
ベーキングパウダー ……………………………… 20 g
オールスパイス……………………………………2 g
サルタナ……………………………………………450 g
紅茶液………………………………………………325 g

作り方

① 紅茶の葉 5 g から紅茶液を作り、ブラウンシュガーを混ぜて、サルタナを浸けて一晩置く。
② ①に全卵、牛乳を混ぜ、全粒粉、ベーキングパウダー、オールスパイスをふるって、軽く合わせる。
③ 型に分注し、180℃で50～60分焼成。

紅茶によくあう ウェールズの地方菓子

ウェールズ語でバラはパン、ブリスはまだらにするという意味で、ドライフルーツやスパイスを混ぜたフルーツパンのことです。ここではホームメイドのレシピにしてあります。紅茶のほか、オレンジジュースに浸けたりもするとか。残った紅茶も無駄にしないウェールズ人の質実剛健ぶりがうかがえる一品。ティータイムにうすく切って、ホイップクリームを添えて食べるのがウェールズ風だそうです。

これは、1985年10月に日本橋・三越本店で英国展が開かれたとき、アン・ルウェリンさんがデモンストレーションを行ったもの。その時にバラ・ブリスのほかにスコーンも実演販売しました。

ルウェリンさんはウェールズにある製粉会社「フェリンゲリ」のパンとケーキ担当のインストラクター。この会社では、イギリスでもあまり残っていない17世紀以来の水車を動力源にした石臼で粉を挽いているそうです。

Hard toast

ハード・トースト

作業工程

ミキシング▶スパイラル型　L4分⇒H4分。捏ね上げ温度24℃
発酵時間▶２時間（発酵室：27℃、75％）
分　　割▶420g×2　ノア・ハード用450g×2
ベンチタイム▶30分
成　　形▶手丸め
ホ イ ロ▶80分（発酵室：30℃、80％）
焼　　成▶カマ入れ後スチーム。上火220℃、下火250℃で45分。

配合

スーパーキング（最強力粉）…………500ｇ（50％）
カメリヤ（強力粉）……………………500ｇ（50％）
サフインスタントドライイースト……７ｇ（0.７％）
塩………………………………………20ｇ（2％）
ユーロモルト……………………………10ｇ（1％）
発酵風味液………………………………30ｇ（3％）
水………………………………………700ｇ（70％）
〈アレンジ〉
★ノア・ハード：上記生地1000ｇに対してクルミ（ロースト）200ｇ

フランスパンのような食パン
砂糖、油脂類は含まず

最近は、もっちりして甘味のある湯種製法の超熟食パンが人気ですが、このハード・トーストは、その対極にあり、フランスパンにこだわりをみせるドンクならではの食パンです。

スライスして食べるパンは油脂が入っていたほうが食べやすいのですが、あえて砂糖、油脂を使わずに、“フランスパンのような食パン”に挑戦したのが、元社員の井上康治さん。彼が1983年ごろに完成させたレシピです。

フランスパンのような食パンをと考えた時に、まず思い浮かぶのは、フランスパン生地を型に入れて焼くことですが、それではカマのびしません。そこで粉を強力粉に置き換えたのがこの方法です。

ストレート法で副材料が少ないうえに酒種風味も加わって、ほのかに発酵の香りがします。トーストするとパリっとした食感が受けて、関西地方では特に人気の高いパンです。

Pain de mie

パン・ド・ミ

作業工程

ミキシング▶スパイラル型　L３分⇒パート・フェルメンテを入れる⇒L１分⇒バターを入れる⇒H３分。捏ね上げ温度26℃

発酵時間▶30分（発酵室：27℃、75%）

分　　割▶型比容積4.0　250g×５

ベンチタイム▶25分

成　　形▶手丸め、または車詰め

ホ　イ　ロ▶60分（発酵室：33℃、75%）

焼　　成▶スチームは後で少し。上火210℃、下火250℃で35分。

配合

スーパーキング（最強力粉）	500ｇ	（50%）
サフインスタントドライイースト	5ｇ	（0.5%）
塩	10ｇ	（１%）
砂糖	25ｇ	（2.5%）
脱脂粉乳	15ｇ	（1.5%）
ユーロモルト	5ｇ	（0.5%）
バター	45ｇ	（4.5%）
水	330ｇ	（33%）
パート・フェルメンテ（フランスパン発酵生地）	850ｇ※	（85%）

※リスドオル500ｇ（50%）含む

フランスパン専用粉が50%
口当たりのソフトな食パン

ご存知“食パン”のことです。Mie（ミ）とは中身のことで、クルゥート（皮）を食べるバゲットに対してこの名前がついています。中身の水分が多く、口当たりが軟らかいのが特徴です。型に入れて焼きますが、蓋をせずに山形に焼く時は、たて方向にクラムがよくのびるように、たんぱく質含有量の多い小麦粉を使います。

カルヴェル氏は以前から、日本の中種法による食パンを高品質なものと評価していました。しかし、いわゆる中種臭を改善するため、「パート・フェルメンテを加えては」と、1980年に日本でこの製法を発表。配合の全粉量のうち50%をフランスパン生地として仕込んで熟成させたパート・フェルメンテを加えるこの製法は、ストレート法の香りに近く、かつ軟らかいクラムが得られるという中種法のよさを兼ね備えたものになっています。

Haricots verts

アリコ・ヴェール

作業工程

ミキシング▶ スパイラル型　L2分⇒インスタントドライイーストを入れる⇒ルポ・オートリーズ15分⇒塩を入れる⇒L4分。捏ね上げ温度24℃

発酵時間～成形▶ 捏ね上げ後3400g に大分割し、台の上に広げる。３分の２の面積にうぐいす豆800gをのせて三つ折りにする。向きを変えて再度三つ折り。90分後、三つ折り2回。さらに90分後、生地を横長に広げて、左右から４分の１ずつ折り、真中であわせる。30分後に台に広げ、５×７＝35個にカットする。

ホ　イ　ロ▶ 45分（発酵室：28℃、75%）

焼　　成▶ スチームは前。上火235℃、下火225℃ で22分。

配合（工程は２倍量で説明）

リスドオル(フランスパン専用粉)	1000 g	(100%)
サフインスタントドライイースト	4 g	(0.4%)
塩	20 g	(2%)
ユーロモルト	2 g	(0.2%)
水	690 g	(69%)
折込み用うぐいす豆	400 g	(40%)

塩味の生地にほどよい甘さの豆 日本人好みのヒット作

平成４年に、当時の京都近鉄の「ボーマニエール」で1個100円で売り出されたパンです。アリコ・ヴェールとはフランス語でサヤインゲンのことですが、ここに入っているのはなんと、青えんどう豆を甘く煮たうぐいす豆。塩味パンと甘い豆の取り合わせは、日本人の口にはおいしく感じられるようです。もっともフランスでもバゲットにチョコレートをはさんだものは子供の大好物ですから、この嗜好は万国共通かもしれません。

発案者の大内龍治によると、きっかけは豆もちだったそうです。塩味の豆とほんのり甘いもちの見事なマッチング。これをパンでもできないか…と試行錯誤の末、この組み合わせが誕生しました。当初は売る側では非難もあったものの、お客さんの反応は正直で、あれよあれよという間に、１日の生産数が24個から1200個にというヒット作となりました。

Pain aux noix
パン・オ・ノア

作業工程

ミキシング▶たて型　L5分⇒クルミを入れる⇒L2分。捏ね上げ温度27～28℃

発酵時間▶10分（発酵室：28℃、75%）

分　　割▶800g

ベンチタイム▶５分

成　　形▶ナマコ形に成形。表面をぬれ布巾で湿らせ、コーングリッツをまぶしてシンペルに入れる。

ホ イ ロ▶60分（発酵室：30℃、80%）

焼　　成▶スチームは多め。上火230℃、下火230℃で50分。

配合

■サワー種

NR-3（ライ麦全粒粉）…………………300g（30%）
生イースト……………1g（0.1%）
アクティブサワーR…3g（0.3%）
　もしくはライサワー初種（自家製サワー）10g
水 ……………………………………240g（24%）
＊たて型、６分、捏ね上げ温度27℃。18～20時間26℃で発酵させる。

■パートフィナル（本捏）

リスドオル（フランスパン専用粉）…700g（70%）
生イースト……………………………20g（2%）
塩……………………………………20g（2%）
砂糖…………………………………20g（2%）
クヴァール…………………………50g（5%）
水 ……………………………………420g（42%）
クルミ ………………………………700g（70%）

サワー種を使った独特の風味 ウォールナッツ・コンテストでグランプリ

1990年に行われた第１回カリフォルニア・ウォールナッツ・コンテストでグランプリに輝いたパンです。当時、ドンク多摩川工場の製パン責任者であった浅崎隆一が受賞しました。

この製法はドイツのデトモルト一段階法です。ライ麦は30%と少ないのですが、NR-3という一番粗い全粒粉を使用しているので、たっぷり入れたクルミに負けない生地の風味が得られます。サワー種にはアクティヴサワーRと自家製サワーの両方の使用例を紹介しました。

ドンクではパン・ド・カレンズというパンを発売していますが、これをベースにアレンジしたのがこのパン・オ・ノアです。食べ口と風味をよくするために、クヴァールというクリームチーズを練りこみました。

Berliner Landbrot

ベルリーナ・ラントブロート

配合

■サワー種

石臼挽きライ麦全粒粉	250 g（25%）
初種（以下参照）	25 g（2.5%）
水	230 g（23%）

＊手混ぜ。捏ね上げ温度28℃（発酵室：27℃、75%）18〜20時間

■本捏

リスドオル（フランスパン専用粉）	300 g（30%）
細挽きライ麦粉	350 g（35%）
石臼挽きライ麦全粒粉	100 g（10%）
塩	18 g（1.8%）
ユーロモルト	5 g（0.5%）
生イースト	15 g（1.5%）
水	520 g（52%）

作業工程

ミキシング▶たて型。L 3分⇒LM 3〜5分。捏ね上げ温度27℃。

発酵時間▶10分（発酵室：27℃、75%）

分　　割▶600 g。分割後、すぐ丸める。

成　　形▶丸めた生地をなまこ型に成形し、シンペルに入れる。表面に細挽きライ麦粉と片栗粉を3対1で合わせたものをふる。

ホ イ ロ▶60分（発酵室：35℃、75%）。25分後、粉の付いた表面のひび割れをならす。

焼　　成▶上火260℃、下火250℃で入れ、後蒸気をかけ2分後に蒸気を抜く。蒸気を抜くと同時に上火240℃、下火215℃に温度を下げる。全体で50分。

初種（アンシュテルグート）の起こし方

①

石臼挽きライ麦全粒粉	100%
乳酸菌スターター	10%
水	100%

乳酸菌スターターに水を入れ、ホイッパーで均一に撹拌してからライ麦を混ぜる。捏ね上げ温度27℃　発酵22〜24時間(温度27℃、湿度75%)

▼

②

上記①の種	15%
石臼挽きライ麦全粒粉	100%
水	100%

①の種に水を入れ、ホイッパーで均一に撹拌してからライ麦を混ぜる。捏ね上げ温度27℃
発酵22〜24時間（温度27℃、湿度75%）

▼

この時点でph4.0前後であれば好ましく、初種として使用する。

ドイツを代表するライ麦パン表面のひび割れが特徴

ドイツには1200種類にも及ぶパンがあるといわれています。そのなかでも、表面のひび割れが特徴で「ベルリン風田舎パン」という名前がついているこのパンは、ドイツならどこでも見かける代表的なパンです。

ドイツには地域ごとに伝わるパンがあり、その土地の気候風土によって小麦とライ麦の比率が違ってきますが、古くから食べられてきたのは、寒冷な気候でよく育つライ麦を使ったパンです。

ドンクでは、ドイツから輸入し日本で製粉したフレッシュなライ麦と、本場ドイツのサワー種の元種を使用しています。

Croquant
クロッカン

写真左奥はセルクルをはずさずに焼いたもの。右手前ははずして焼いたもの。

作業工程

前　工　程▶ 塩、モルト、生イーストはそれぞれ吸水の一部で溶かしておく。

ミキシング▶ たて型　オールインミックス。L５～７分。捏ね上げ温度20～22℃。

発酵時間▶ ミキシング終了後、すぐ０～２℃で18～20時間休ませる。

折込み～成形▶ 三つ折り２回の後、30分休ませる。３回目の三つ折りの際にグラニュー糖を振ってから折りたたむ。それを最終厚さ3.5㎜までのばして、５㎜の正方形にカット。そこにクルミを混ぜ合わせた後、50gに分割。天板にベーキングシートをのせ、７㎝のセルクルに50gに分割したものを入れて形を整えてから、セルクルをはずす。６取り天板で12個のせ。

ホ　イ　ロ▶ 40～50分（発酵室：28℃、75％）。若目で。

焼　　成▶ コンベクションオーヴン使用。ざらめを振り、135℃で50分焼成。

配合

テロワール（フランス産小麦粉）	500ｇ	（50％）
カメリヤ（強力粉）	500ｇ	（50％）
生イースト	30ｇ	（3％）
塩	20ｇ	（2％）
ユーロモルト	2ｇ	（0.2％）
バター	30ｇ	（3％）
水	470ｇ	（47％）
折込み用バター	540ｇ	（対生地35％）
折込み用グラニュー糖	540ｇ	（対生地35％）
クルミ（成形時）	465ｇ	（対生地30％）

パン屋のスタンスに こだわったお菓子 パリパリ、カリカリが魅力

1996年度のクープ・デュ・モンドの日本代表だった玉木潤さん（元ドンク社員）のオリジナルレシピです。玉木さんはパン業界のコンクールでの入賞経験も多く、個性的な商品を作る人です。

玉木さんの持論は、パン屋と菓子屋は違うということ。そのため、パン屋というスタンスに徹底的にこだわり、パン屋はあくまでイースト生地で勝負すべきだと、イースト生地でお菓子の食感を求めたのです。やはり日本でヒットしたイーストを使ったお菓子、クィニーアマンもヒントになっているかもしれません。

袋に入れてシリカゲルでも入れておけば、５日間ぐらいはパリパリ、カリカリとクロッカンな食感を楽しむことができます。ちなみに折込みバターの量によって食感と日持ちが変わるので、ご注意を。

Camenbert noix

カマンベール・ノア

作業工程

ミキシング▶たて型　L２分⇒M3⇒バターを入れ、M６分。捏ね上げ温度26℃

発酵時間▶60分⇒パンチ⇒30分（発酵室：27℃、75%）

分　割▶50g

ベンチタイム▶25分

成　形▶カマンベールクリームチーズ25gを包む。

ホイロ▶70分（発酵室：30℃、75%）

焼　成▶カマ入れ前に、パン生地の上に天板を置き、カマ入れ後スチーム。上火230℃、下火220℃で15分。

配合

カメリヤ（強力粉）	1000 g	（100%）
生イースト	30 g	（3%）
塩	16 g	（1.6%）
砂糖	70 g	（7%）
ユーロモルト	5 g	（0.5%）
全卵	120 g	（12%）
バター	60 g	（6%）
水	530 g	（53%）
クルミ（ロースト）	300 g	（30%）

トロアグロ氏も合格点
日本人に愛されるチーズ味

小型の平べったい円形のなかに、とろーりとろけるカマンベールチーズと、口のなかでアクセントを与えるクルミが入っているこのパンは、ドンクの人気商品のひとつです。

トロアグロブランドが全国展開された時に、小田急本店とハルク以外のパン部門を請け負ったのがドンク。商品チェックのために来日したトロアグロ氏に、すでに人気商品になっていたこのパンを紹介したところ、「中に入っているのが本物のカマンベールではない」と不満げな表情。「今の日本ではAOCカマンベールはまだポピュラーではないし、何よりも高くて…」と弁明する担当者に何やら納得したように「この形がカマンベールを真似ているからか？」。

結局、試食したトロアグロ氏からも合格点。そして、今でもやっぱり売れ筋をひた走っているパンです。

Pain au maïs

コーン・パン

作業工程

前　工　程▶スイートコーンは缶から出してざるにあけ、シロップを切っておく。シロップは吸水に入れる。

ミキシング▶たて型　L 3分⇒LM5⇒バターを入れる⇒LM6分⇒コーンを入れる⇒L 2分。捏ね上げ温度26℃

発酵時間▶70分⇒パンチ⇒30分（発酵室：27℃、75%）

分　　割▶65g、130 g

ベンチタイム▶30分

成　　形▶ブール形（大、小）

ホ　イ　ロ▶60分（発酵室：28℃、75%）

焼　　成▶クープを入れてカマ入れ。スチームは後。上火230℃、下火200℃で　16分。

配合

カメリヤ（強力粉）	1000 g	(100%)
サフインスタントドライイースト	9 g	(0.9%)
塩	16 g	(1.6%)
砂糖	70 g	(7%)
ユーロモルト	5 g	(0.5%)
脱脂粉乳	50 g	(5%)
全卵	50 g	(5%)
バター	50 g	(5%)
水（スイートコーン缶のシロップ含む）	600 g	(60%)
スイートコーン	300 g	(30%)

フランスパン専用窯で焼く あきのこない自然の甘さで ロングセラーに

1972年頃、仁瓶利夫が静岡の西武デパート内のドンク店にいたときに大ヒットした商品です。最盛期には1日に100kg 近くの仕込み量がありました。

当時のインストアーショップにはフランスパン専用窯しかなく、その設備で焼ける商品を目指したため、直焼きでスチームをかけて焼きあげます。配合はすでに発売していた「オレンジブレッド」に近く、オレンジに代わってスイートコーンをベースの生地に加えたものです。

その後、ドンクが都内初のインストアベーカリーを銀座三越にオープンした時には、最初は商品としては並べませんでしたが、これが試しに置いてみると相当な人気商品に。1983年に三越銀座店の全面改装により、新しいブランドでオープンした時にも、商品リストからはずそうにもはずせなかったくらいです。

Danish stick

デニッシュ・スティック

作業工程

ミキシング▶たて型　L5分。捏ね上げ温度24℃

発酵時間▶60分（発酵室：25℃、75%）

分　　割▶2000gに大分割して冷蔵60分。

折 込 み▶500gのバター折込み。三つ折り２回で一晩冷蔵。

成　　形▶翌日、３回目の三つ折りの後、厚さ５㎜にのばし、15㎝の帯にして端から18～20ｇにカット。ひねりを入れて、特注の専用型天板にのせる。

ホ イ ロ▶50分（発酵室：30℃、80%）

焼　　成▶溶き卵をぬってカマ入れ。上火220℃、下火250℃で18分。

配合

リスドオル（フランスパン専用粉）1000ｇ（100%）
生イースト……………………………45ｇ（4.5%）
塩………………………………………18ｇ（1.8%）
砂糖……………………………………200ｇ（20%）
全卵……………………………………200ｇ（20%）
牛乳……………………………………180ｇ（18%）
マーガリン……………………………30ｇ（3%）
水………………………………………150ｇ（15%）
折込み用バター……………………456ｇ（対生地25%）

スナック感覚のデニッシュ生地 オーバーナイトで 生地のうまみを引き出す

本来のデニッシュ生地は生地自体は甘く作りませんが、これは、砂糖の割合を対生地20%と多くして生地に甘さをもたせ、食事用ではなく、スナックやおやつ用に仕上げたパンです。折込み途中でオーバーナイトさせることで、生地のうまみを引き出しています。袋売り用なので、サクサク感よりは、ソフトな食感を重視しています。

ドンクでは古くからグレッサン（グリッシーニのフランス版）をカルヴェル氏の指導を受けて作っていましたが、元社員の井上康治さんがこの型にヒントを得て、日本の型のメーカーに特注で作らせて、この商品を開発しました。

Torta delle rose

トルタ・デッレ・ローゼ

北イタリア生まれの
ブリオッシュ菓子
バラのイメージと香りが華やか

イタリア統一以前、パルマ公国の王妃マリア・ルイジアがこよなく愛したとして知られています。くるくると巻いた生地が愛らしい、北イタリア発祥といわれるブリオッシュ菓子です。

ローゼとはイタリア語で「バラ」、トルタは「ケーキ」。したがってこれは「たくさん咲いたバラの形のケーキ」という意味でしょう。

口に入れるとバターの風味が豊かで、程よくしみたマラスキーノシロップの甘味としっとり加減が、なんとも贅沢です。

マラスキーノとは、マラスカ種のチェリーからつくられるイタリア北部ではよく知られるリキュールの一種です。豊かな風味と華やかな香りを添えてくれるため、カクテルだけでなく菓子作りなどにもよく使われます。これだけでも甘味はありますが、ここでは砂糖と水を加えてシロップにして使っています。

このパンは、ドンクの社員がイタリア研修中にパルマで買い求めたトルタ・デッレ・ローゼの日持ちがよかったことに注目し、帰国後、日本向けにアレンジして2001年に発売したものです。ここではリスドオルを使っていますが、デュエリオ（デューラム・セモリナ粉）を使用すればよりイタリアの味に近づきます。

配合

■ポーリッシュ種

リスドオル（フランスパン専用粉）	330g（33%）
生イースト	60g（6%）
カルピス	30g（3%）
水	300g（30%）

＊手混ぜ。捏ね上げ温度25℃　発酵40分。

■パート・フィナル（本捏）

リスドオル（フランスパン専用粉）	670g（67%）
塩	20g（2%）
砂糖	200g（20%）
卵黄	200g（20%）
脱脂粉乳	30g（3%）
水	70g（7%）
バター（無塩）	100g（10%）

■バタークリーム（直径約15cmの丸型1個分）

バター（無塩）	40g
砂糖	30g
ヴァニラビーンズ	適量

■マラスキーノシロップ（直径約15cmの丸型1個分）

砂糖	10g
水	16g
マラスキーノリキュール	10g

作業工程

前　工　程▶①バタークリームの材料は軽くホイップしておく。②ポーリッシュ種を仕込んでおく。

ミキシング▶たて型。L4分⇒LM6分⇒バターを加える⇒LM5分。捏ね上げ温度25℃。

発酵時間▶20分（発酵室：27℃、75%）

分　　割▶200g。分割後、冷蔵（5℃）

成　　形▶薄くのばしてバタークリーム70gを塗り、棒状に巻いてカット。型に入れる。

ホ　イ　ロ▶3時間（発酵室：28℃、75%）。

焼　　成▶溶かしバターを表面に塗り、上火180℃、下火180℃、20～23分でマラスキーノシロップをまわしかけ、再度4～5分焼成。

■ポーリッシュ種

粉と水がほぼ同量で作られる種。生地表面に小さな気泡が見え、中に粗い網目が形成されたところが発酵の終点。メロンのようなフルーツに似た香りがする。カルピスを入れるのは日本流のアレンジだが、そうすることで生地はもそもそせず、甘く口溶けのよいパンに仕上がる。

前工程

1　ポーリッシュ種を仕込む。粉に生イースト、カルピス（写真）、水を加える。

2　手で空気を抱き込むようにして、なめらかになるまで捏ねる。その後27℃で40分発酵させる。

3　ポーリッシュ種のできあがり。表面に小さな気泡ができる。

ミキシング

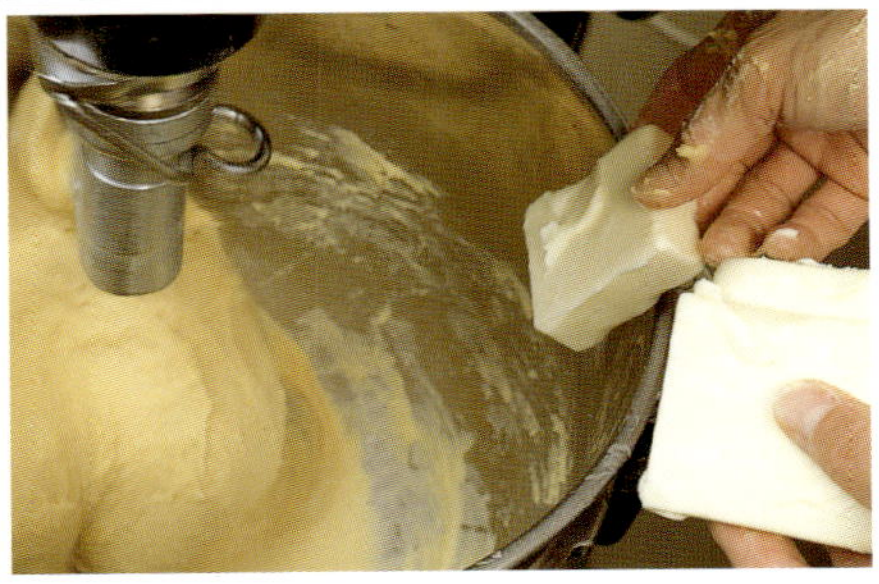

4　ボウルにバター以外の本捏ねの材料とポーリッシュ種を入れ、低速で4分、中低速で6分捏ねる。バターを加え、さらに中低速で5分捏ねる。

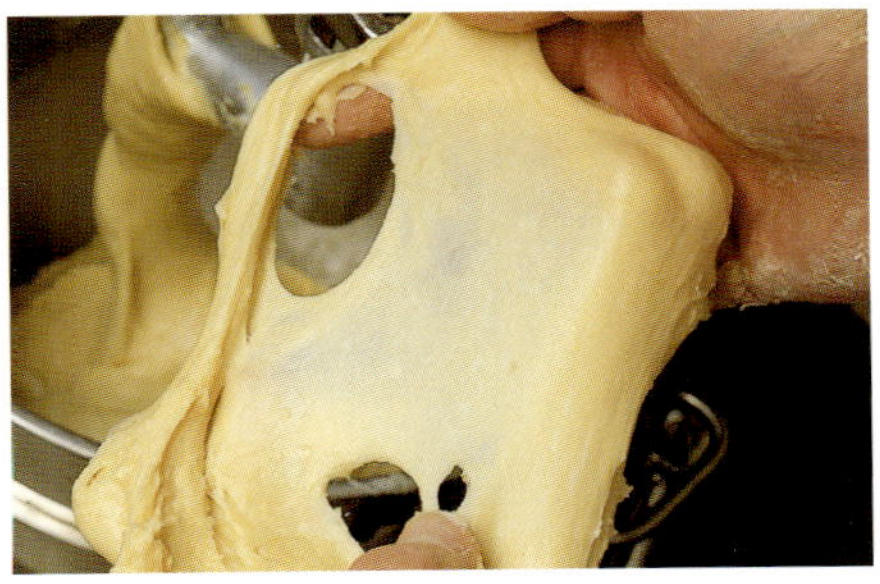

5　ミキシング終了後、グルテンのつながりを見る。生地を手で広げると透けるくらい薄い膜状に広がる。ここから20分発酵させる。

分割

6　200gに分割。なまこ形に丸めてから、手で押さえて長方形にし、のばしやすい状態になるまで冷蔵（5℃）する。一晩置いて翌日成形してもよい。

成形

7　麺棒で長方形にのばし、事前にホイップしておいたバタークリームを70g塗り、棒状に巻く。

8　1回冷蔵庫で冷やしてから7等分に切り、直径約15cmの丸型に入れる。中央に1個、その周りに6個並べる。

ホイロ

9　ホイロを3時間とった後、溶かしバター（分量外）を塗る（右手はホイロ前の生地の状態）。

焼成

10　上火180℃、下火180℃で20～23分焼成したら一度オーヴンから出し、マラスキーノシロップをまわしかけ、再度4～5分焼成。

「職人のパン作り《アルティザン》」を愛する者たち

〜フランス・オーリヤックにて〜

「カンタル県パンの騎士団」に迎え入れられる儀式。パン生地を成形しているところ。

農家のうらの石窯で、自分の生地は自分で焼成。

左から２人目がヴァブレ氏。

ドンクが創業以来、とりわけ技術者を大切にすることはよく知られています。そのひとつが随時行なわれている海外研修。これは、そのひとつのエピソードです。

1997年６月、春が少し遅れてくるオーヴェルニュ地方にも、瑞々しい緑が広がる季節。日本からの一行は、フランスパン業界の頂点に立つMOFのクリスチャン・ヴァブレ氏が校長を務める国立製パン学校に１週間の予定で研修に出かけました。

ヴァブレ氏は生まれ故郷のオーヴェルニュ地方を愛し、ここを拠点としてヨーロッパを、世界を歩く一方で、地元オーリヤックに設立し、自ら運営する国立製パン学校で様々な研修を行っています。目的は、製パン技術の伝達はもとより、製パンの地位を向上させること。

研修も山場を越えたある日、彼は日本からの一行を近くのボワッセ村の小さな農家の前まで連れて行きました。何をするんだろう、と思っていると、マントに黒い帽子をかぶったフランス人が何人も登場。茶色のマントはパンの皮、白いところは中身というイメージ。そしてドンクの仁瓶利夫、岡田重雄、シモン・パスクロウ、稲葉三郎の４人に同じマントと帽子を着せたのです。一行の代表としての指名でした。

「君たちをカンタル県パンの騎士団のメンバーに迎えたい」

儀式は一人ずつフランス語で誓約文を読み、目の前のパン生地に手を入れ、この農家の裏にある石窯で焼き上げるという手順。アコーディオン係は軽快に「パンの歌」で場を盛り上げる。なんという演出なのでしょう。

「太陽の昇る国のあなた方が、伝統的なアルティザンのパン作りの研修に来られたことは最高に喜ばしい。カンタル県パンの騎士団は、あなた方のプロとしての優れた才能と心意気で、この職業を日本のみならず世界にも広げてほしいと願う。人間同士、プロ同士の繋がりを大事に」

最後に、そう言葉が添えられました。

演出にはさらにオマケがありました。一行の中に自転車好きがいると事前に調べていたようで、研修の終了式のあと、地元のアマチュアレーサーと市内を回るロードレースが仕組まれていたのです。自転車もユニフォームも靴も用意万端。ユニフォームはパンに挟んで渡してくれるご愛嬌ぶり。

フランスの技術者たちとドンクの親交の深さが、改めて確認できる一幕でした。

ロードレースはヴァブレ氏と、同じくMOFのドルフェール氏（写真）も一緒に準備してくれた様子。

フランスにおける現代パン事情

文・畔尾 留範

迷走してしまったフランスパン

20世紀初頭、フランスでのパン消費量は、1日一人あたり900グラムだったものが、いまや160グラム。それは日本における米の消費量にも似た理由で、食の多様化、あるいは間違ったダイエット情報の流布が原因とも言われています。

しかし、もうひとつ、フランスのパンに関してささやかれている理由に、味、品質の低下が挙げられます。

戦争の爪痕が次第に薄らいできた1950年代、フランスパンに大きな変化が現れはじめました。

というのも、当時の志向が「白くてボリュームのあるパン」に傾いたため、強力ミキシング、オーバーミキシングで白さやボリューム感を追いかける製法が全仏に広まったのです。その結果、少しクリーム色がかったフランスパン本来の色が風味と共に飛んでしまうということになるのですが、しかし、その軽さがまた評価される時代でもありました。

当時、2速のミキサーが開発されたこともその風潮に拍車をかけました。が、これはフランス人が機械化を受け入れ始めたということでもあり、職人たちは機器の発達で睡眠時間を取れるようになりました。

1960年代になると、これらの機器を海外に輸出することも盛んになり、また、50年代から始まっていた量販店の各店舗内に厨房設備を整えたインストアベーカリーの急速な展開で、競争も激化。製造方法の改革もおこり、集中生産、生地の冷凍といった新しい生産技法も出てきました。

1954年から何度も来日して日本でも知られる国立製粉学校のカルヴェル氏は、当時からすでに危機感を持っていました。

「フランスパンは、平凡なものではいけない」。

しかし、70年代に入り、人々はますます生産効率を追いかけました。と同時に、品質は低下の一途。たとえばフランス人の食卓の要、バゲットのおいしさを創り出すのは発酵時間と焼成ですが、この発酵時間が昔、人によっては4~5時間もとっていたものが、時代と共にどんどん縮まり、行き着いたところが「ノータイム法」。発酵時間を極端に短縮する分、改良剤や添加物入りの小麦粉、多量のイーストに頼る製法です。

そうやって、民族の主なる食をあまりに安易に作る時代、すなわち「バゲットの暗黒期」を迎えてしまったのです。

伝統的製法を見直そう

しかし、物事にはいつも振り戻しがあるもの。1979年、さすがに大きくなった

消費者からの不満の声を受けて、ついに専門家が立ち上がりました。彼らは少し前まで、世界に誇れる独自の味を築いてきたフランスパンの原点に立ち戻り、作業と品質管理をうまくかみ合わせた新しい手法を考案していったのです。

　立ち上がった中で大きな影響力を見せたのが製粉会社。たとえば80年代初め、マルセイユのユトリオーヌ社は「良質のバゲット」のための粉「バネットbanette」を開発。この粉を使ったパンもバネットと称し、その後、いくつもの製粉会社で作るユニミグループがこれをフランス全土に紹介して歩きました。これは結果的にはミキシングを短く、発酵時間を長く、そして材料は小麦粉、水、塩、イーストというごくシンプルな4つのみという伝統的な作り方に戻ることでした。

　このようなことは、実は別の場所でも起こっていました。パリ19区に1983年に店を持ったジェラール・ムニエ氏が製粉会社のヴィロン社にかけた1本の電話が、その始まりです。

　ムニエ氏の店の前の持ち主は、戦前の製法でバゲットを作っていたブーランジェ。そこを居抜きで購入したムニエ氏も、基本的にはその製法を引き継ぎ、一部改良を加えつつパンを作っていました。

「なんにも入れない無添加の粉を作ってくれませんか」

　果たして言葉がそのままかどうかはさだかではありませんが、この電話にヴィロン社の社長フィリップ・ヴィロン氏は、感じるところがあったとみえ、間もなくムニエ氏の店を訪れます。

1989年、ムニエ氏の店のバゲット生地（手分割）

「旨い。完璧だ。これは私が昔出会ったことのある、素朴で温かくて、ほんとうにおいしいパンそのものだ。皮はよく焼けていて、ほどよく黄金色。しかもクリーム色の中身には不規則で勢いのよいすだちが見える。うっかり忘れていたよ。なにも余計なものを加えずに得た、発酵の旨みこそが、フランスパンの味だったんだ。」

　ムニエ氏の製法は水が多く、練らずに長時間の発酵をとることが基本。これがおいしいパン作りの必要条件なのです。ムニエ氏は当時、本書でも紹介したパン・リュスティック（86ページ）の生地でバゲットも作っていました。

　さっそくヴィロン社長は自社の技術者たちをムニエ氏の店に研修に送りこみました。そしてこうした製法を身につけた者たちが、どんどんフランス全土を指導に歩き始めたのです。

ムニエ氏はその後、パリの店を閉め、ナントで田舎暮らし（写真はその庭で）をはじめました

フランスパンと小麦粉の関係

　ところで、ムニエ氏が電話をかけたのが、なぜ製粉会社なのでしょう。それは、フランスは日本と違い、小麦粉がほとんど国内自給であることと関係しています。つまり、その年の小麦のでき不出来が、そのままブーランジェの労力の軽重にかかってくるのです。

　そんなブーランジェの苦労を少しでも軽減しようとすれば、製粉会社は添加物を入れて粉の改良を図るし、技術の乏しいブーランジェは確かに救われます。しかし、あ

フランスでは、これほどよく焼きこまれたパンにも固定客がいます。

1987年にパン価格統制が完全撤廃になるまでバゲットは2.70フランでした。その後10年たっても3～5フランにしかならないバゲットが、「パリ一番」のこの店では9フラン。これはニュースです（Rene Sainte-Ouenにて）

パリ市バゲットコンクールで1位に輝いた店Rene Sainte-Ouenで見せられた、見事な内相。

まりに皆が足並みをそろえてそちらにばかり向くと、小麦粉と対話して納得のいくパンを作りたいと願う実力派のブーランジェは製粉会社に電話をしたくなる、ということなのです。こうした粉に対する関心の高さは、年間を通じて安定した小麦粉を入手できる日本とは、根本的に違う点かもしれません。

しかし、日本でもおいしいフランスパンを焼こうとすると、小麦粉の問題はどうしても避けては通れません。カルヴェル氏がはじめて来日したときから長い間「よい小麦粉」はいつも課題でした。

いくらかの紆余曲折を経て、現在の日本でもいくつかのベーカリーでは国内産小麦を利用しているようですが、本格的に使うには、まだ改良の余地が残ります。

また最近、国内産小麦利用の理由に「安全性」を挙げる風潮がありますが、一概に輸入小麦はポストハーベストや残留農薬があるから危険で、国内産小麦なら安全とは言いきれません。日本の自然環境では病害の心配が高く、無農薬や低農薬で小麦を一定量収穫し続けることは、現段階では非常に困難だからです。

さらにカルヴェル氏は最近のインタビューの中で「有機農法の小麦粉とそうでないものの間に、品質的な差があるとは思わない」あるいは「石臼で挽いた粉はイメージ的には受けるが、製パン性ではシリンダーで挽いた粉の方が上」と、流行とは距離を置いた発言をしています。

粉選びはブーランジェの見識が問われる重要なポイント。消費者へのアピールの仕方も、基準値の設定やデータなどを見比べた客観的判断のもとに、慎重に行ないたいものです。

職人《アルティザン》魂がフランスパンの魅力

80年代、こうしてパンの品質は復活の道を歩み始めましたが、市場では他の食品と、あるいは同業者との競争にさらに拍車がかかっていました。

90年代、様々な形態のライバルが出現する中、ブーランジェたちは、その場所で粉からパンを作っていない店がブーランジュリーと名乗ることに抗議の意を示します。そして93年9月、政府は『自家製』（＝fait maison 販売する場所で生地作りから焼成まで行なわなければならない）、『フランスの伝統的なパン』（＝pain de tradition française 生地中に添加物を加えてはいけないし、冷凍生地を使うのもいけない）を公的に認定する政令を交付し、これを看板に掲げることでブーランジェたちの誇りと名誉を守ろうという気運が生まれました。

それでも、依然として別の工場で作った冷凍生地を運び込み、焼いて販売するだけの店は増えつづけ、95年のアルティザン・ブーランジュリー協会のデモ行進にみられるように、今日も「伝統的製法」と「冷凍生地」のせめぎあいは続いています。

食文化の伝統を重んじるフランスではあっても、世界的に進む効率化の波の中、食事にかける時間も減ってきているといいます。さらにバゲットは、日本のように嗜好品であるがゆえにたとえ高価格でも高品質であることを維持できる市場と違い、フランスではあまりに日常品でありすぎて、手間と価格が折り合わない、付加価値をつけても生鮮品であるために商圏に限界もある、と悩みは尽きません。

けれど、個人店がシェアの大半を占めているのも、今なお変わらないフランスの特徴。良い職人は信念を持って良いパンを作りつづけ、町の人もそれを正しく評価しています。

そんなフランス情報が、日本でのフランスパン作りをいかに勇気づけるか、ここで言うまでもないでしょう。

日本における本格フランスパンの記憶

～フランスパンの草分けドンクと師カルヴェルの軌跡～

今日のような本格フランスパンが日本に根づいた陰には、良質の種をまいて足しげく見守りに来たフランスパンの師カルヴェルと、その種を大事に育てていったドンクの存在がありました。この二者が出会ってから今日までの軌跡は、まさに日本のフランスパン史そのもの。技術、理念、姿勢。たった1本のバゲットに、こんな物語がありました。（文中敬称略）

フランスパン・フランス菓子への道筋

ドンクのスタートは、その前身である「藤井パン」に始まります。

藤井パンを起こしたのは、現会長である藤井幸男の伯父にあたる藤井元治郎です。彼は仕事でたびたび訪れた長崎で当時はやっていたモダンな製パン業に着目。明治38年、三菱造船所が長崎から分かれて神戸にもできたことを機に、ここの御用商人としてパンと洋菓子を製造販売する店を開業しました。

当時、港町として異国の香りが漂っていた神戸には外国人も多く住み、造船所には外国人技術者や寄港する外国船の船員などの出入りも多く、パンの需要は増加の一途をたどったといいます。

大正になって創業者が死去。後を継いだのが末弟の藤井全蔵。昭和の初期には好立地への移転もかない、ミルクホール（喫茶室）があって、夏はアイスクリームやかき氷も提供するガーデンパーラーでもあり、店にはハイカラなケーキやパン、進物商品もあってと、当時としてはモダンで、時代の先端をいく店として繁盛しました。

第二次世界大戦中は統制のため、パンの製造を一時中止。「ウィステリア」の名前で再開したのは昭和21年2月のことでした。

その翌年の昭和22年4月、現会長の藤井幸男は26才の若さで事業を継承。店も移転し、新たに「ドンク」の名称でスタートを切ります。

ドンクとは、「ドン・キホーテ」にちなんでいて、この「ドン」はスペイン語で貴族を表わします。

法人化したのは昭和26年。株式会社ドンクとしての歴史はここから始まります。当時パンのミキシングは手ごねの時代。この頃は藤井もまだパンを作っていて、朝の3時から仕事を始めていた職人たちは分割の時間になると厨房から棒で天井をつつき、藤井を起こしたというエピソードも残っています。

とはいえ、当時のドンクは圧倒的に洋菓子に比重がありました。神戸には今では全国的に名をはせる有名なヨーロッパ系の菓子店が多く、こうした洗練された空気の中でドンクもまた、高級菓子路線を取っていたのです。

そのため、なんといっても手に入れたかったのが良質な材料。しかし、当時はまだ小麦粉も砂糖もバターも自由に手に入らない時代です。それでも藤井はこだわりを決して譲らず、八方手を尽くして仕入れルートを開拓していたようです。

一流を目指したのは材料だけではありません。一流の人材もいなくては良いものは作れない。そこで藤井は、戦前に東京帝国ホテルで本場フランス菓子の職長をしていた井上松蔵と会い、製菓部門の初代職長としてドンクへ招きました。松蔵はアイスクリームや皮付きスイートポテトなどを作り、これらが市価の2倍という高額にもかかわらず、たちまち人気を博し、とりわけスイートポテトは今に名を残す逸品に育っています。

松蔵がこのとき築いた菓子に対する基本姿勢は次のように書かれ、今もドンクに残っています。
①ケーキもパイ類もスイートポテトも、いつもこんがりキツネ色に焼き、よく火が通

大正12年（1923年）の藤井パン

◎年表（敬称略）

1905（明治38）	8月8日創業。初代藤井元治郎、神戸市兵庫区に藤井パンを開設
1919（大正8）	3月　藤井元治郎死去。末弟の藤井全蔵（現会長の父）が2代目継承
1923（大正12）	店舗・工場を兵庫区湊川トンネルの西口の角に移転
1930（昭和5）	店舗移転。兵庫区和田宮通り6丁目の三菱重工神戸造船本社前に開業
1931（昭和6）	満州事変起こる。軍需好景気で家業も繁盛。経営・技術など基盤が固まる
1936（昭和11）	4月　藤井幸男、兵庫高等小学校卒業後、家業に参画
1942（昭和17）	10月　昭和16年からの太平洋戦争のため、企業整備令が出され廃業。兵庫県食糧営団に合併。菓子・パンも食糧営団にて管理運営となる

初来日のレイモン・カルヴェル氏（41才）をドンクに迎えて（1954年）

1954年にカルヴェル氏が来日して指導した翌年にドンクが商品化したクロワッサンとブリオッシュ

ってないといけない。

②販売ケースにはいつもどっさりとお盆にいっぱいの商品を並べ、ボリューム感を出すこと。

③よい素材とよい技術で、味覚を大切にすること。食品は味が第一である。

また、現社長の酒井敬補が入社したのもこの時代。

「世の中に、こんなうまいもんがあるんか」と、ドンクのパルミエというパイケーキに魅了されての入社でした。一方、その当時はパンはまだ一般家庭では食べられておらず、酒井は入社後、分厚いハムとチーズを挟んだ食パンのサンドウィッチなるものを松蔵に教えられたといいます。

カルヴェル氏（前列左端）とフロインドリーブ氏（後列中央）、フレッド・クロウハースト氏（前列右端）。1954年の講習会の講師たち

法人化した26年はまた、現在の本店のある三宮センター街へ出店した、記念すべき年でもあります。神戸の中心部で大々的に高級フランス菓子とフランスパンを売り、2階には喫茶室があって阪神一帯の上流階級人、有名人が集まる。そこはまさにヨーロッパの食文化を紹介するサロンのようでした。

ただ、当時作っていたフランスパンは「げんこつパン」。本来食パンを作るための小麦粉やイースト、オーヴンしかない環境だったため、とてもバゲットの製造などはかなわなかったのです。

それでも外国船がたびたび寄港する神戸にあって、ドンクは商品も納める一方で、藤井始め技術者たちは機会を得ては船に乗り込み、本場のフランス人の厨房を見たり、話を聞いたりして熱心に研究したようです。このときからすでに藤井は、フランスパンが角食パンと並ぶ食事パンとなる未来を見抜いていたのかもしれません。

そんななか耳にしたのが「フランスからフランスパンの先生がやってくる」というニュース。海外渡航が現代のように容易ではない時代、日本で必死に本物のフランスパンを焼こうと試行錯誤の繰り返しだった藤井と、フランス国立製粉学校の教授レイモン・カルヴェルとの運命の出会いは、昭和29年のことでした。

当時のオーヴンは蒸気が出ないし、粉も

1946（昭和21）	神戸市生田区元町本通りに事業再開
1947（昭和22）	4月　藤井幸男、事業を継承（3代目）。店舗を三宮町柳筋（現センター街4丁目商店街）に移転し、ドンクとしてスタート
1949（昭和24）	当時のドンクはパン菓子共同作業 このころ、井上松蔵を初代製菓職長としてドンクに招く
1951（昭和26）	3月　株式会社ドンクとして法人化。現三宮本店地に2号店を出店
1954（昭和29）	9～12月　フランス国立製粉学校教授カルヴェル（41才）、初来日。国際パン技術講習会開催（全国17会場・85日間。ほかにドイツ人のハリー・フロインドリーブ、カナダ人フレッド・クロウハーストなど）。このとき、日本に初めてバゲット、クロワッサン、ブリオッシュ、パン・オ・レが紹介される。カルヴェル、三宮ドンクも訪問

1964年（昭和39年）藤井幸男氏（右端）、初渡仏。右から2番目は当時渡仏研修中の高橋哲夫氏

フランスパン用なんてない。そんな状況下でカルヴェルは見事なバゲット、クロワッサン、ブリオッシュを披露。感激のあまり藤井はカルヴェルをドンクに招き、短時間のうちにも響き合うものを互いに確認し合ったといいます。

それから10年。藤井は日本の復活・発展という時流を見据えつつ、考えていたことをいよいよ行動に移します。

まず、昭和38年にドンクの技術者高橋哲夫をフランスに送り、続いて翌年の昭和39年、自らがフランスの地に向かうのです。目的は国立製粉学校にカルヴェルを訪ねること。案内は高橋が務めました。

日本はまさに高度経済成長の波に乗り始めていた時。いよいよ日本でのフランスパンの本格的な胎動が聞こえ始めるのです。

本格フランスパンは、ドンクが作る

藤井幸男がフランスにカルヴェルを訪ねたその年、カルヴェルもまた東京オリンピックの開会式に立ち会うため2回目の来日を果たします。

初来日のときはまだ道路も舗装されていなかった日本が、たった10年であまりに様変わりしていることにカルヴェルは驚きました。道路はもちろんのこと、もう西洋式ホテルにも不自由しないし、日本パン科学研究所にはドイツ製の蒸気の出るオーヴンもありました。しかし、小麦粉は初回にカルヴェルが改善を指摘したまま。「よいフランスパンを焼くにはこれでは不適当です」

この要求に最初に応えたのは福岡の鳥越製粉でした。

また、この来日でドンクのクロワッサンを見たカルヴェルは「10年でこんなに力をつけるなんて。フランス産のオーヴンで焼くと、もっといいのが焼けるよ」と目を細め、積極的なさらなるアドヴァイスもしました。

さらにこのとき、カルヴェルは翌年東京で開かれる見本市でフランスパンのブースを開設するようフランス大使館にかけあいました。ドンクの丁寧な仕事ぶりに、日本でのフランスパンに大きな可能性を見たのです。後で触れるベルナールなど幾人かの人々との出会いも、彼に決心を促しました。

大使館でも話を取りまとめるとカルヴェルは小麦粉とフランス製のオーヴン等の機材を手配。見本市当日は若き弟子フィリップ・ビゴをフランス

ドンクの製法フランス空母に乗船

フランスパンの味で郷愁

水兵さんもベタ惚れ

鳥越の粉も大量積込み

普通窯でもOK

鳥越製粉 広瀬所長語る

1960（昭和35）	この頃、フランス客船（ベトナム号、カンボジア号、ラオス号など）が神戸入港のたびにフランスパン、菓子を納品
1963（昭和38）	1月　ドンクの高橋哲夫、南航路船便にて渡仏（翌年6月帰国）
1964（昭和39）	藤井幸男初渡仏。フランス国立製粉学校（ENSMIC）にカルヴェルを訪ねる 秋、カルヴェル、ウィルム、日本でフランスパン講習会及び講演を行なう カルヴェル、ドンクを訪問。クロワッサンの品質の良さに驚き、さらなるアドヴァイス残す
1965（昭和40）	4月　東京国際見本市において、ドンクがフランスパン製造を担当。実演者としてフィリップ・ビゴ来日 見本市終了後、使ったフランス製機材をドンクが引き取る。ビゴも日本に残り、ドンクにて技術指導に当たる 6月　三宮町2丁目にフランスパン専門工場建設

日本にはじめてきたフランス製オーヴン。ポンス社製。左奥にアートフェックスが見えます（1965年）

から日本へ派遣し、連日会場でフランスパンの焼きあがる香ばしい匂いと音、そして美味しさの感動を日本の人々に伝えたのです。

見本市が終った後、これらの機材をいっさい引き受けたのが、神戸のドンクでした。三宮にフランスパン専門工場を建設し、日本初のフランス製オーヴンを導入。技術指導のため、そのままビゴもドンクに残ることになりました。こうしてついに、日本でフランスパンが始動したのです。しかし、現実は厳しい。

「こんな硬いもの、食べられるか」「歯が折れた」「手を切った」「カチカチだから古い」「ふかして食べるの?」と、一般客はもとより、洋食レストランでも追い返される始末。とにかくまず多くの人に食べてもらうのが肝心と、三宮センター街で無料で配

フィリップ・ビゴ氏（中央）と見本市で一緒にフランスパンを焼いた元ドンク・古中利行氏

る、ということもしました。

転機は翌年昭和41年8月の東京・北青山への進出でした。ベーカリーとしてのイメージを強くしたのはこの店からです。ただ、オープンした当初の数か月間は、なじみのない皮の硬いパンに、東京の人々もあまり理解を示しませんでした。

そこでここでもまずは味を知ってもらうことから、と店内で無料で配る。ただし宣伝費はこれだけ。あとは在京フランス人や渡仏経験者などを通してどんどん評判が口コミで広がり、秋口にはわっと火がつき、雑誌に紹介されるのと呼応しながら人気はうなぎ上り。若い女性の間ではバゲットをドンクの紙袋に入れて持ち歩くのがファッションにさえなりました。店頭には客が整理券を求めて長い列をなし、オーヴンの中のパンまでもすでに売り切れ、ということ

1966（昭和41）

5月　株式会社ドンク東京設立
8月　ドンク青山店開店。秋頃から売れ始める

1968（昭和43）

12月　ドンク・フランスパン・チェーン（DFC）スタート。全国的にフランスパンがブームとなる
この年から1978（昭和53）年までドンク、軽井沢店を夏期営業。昭和44年からは工場設備を入れて現地生産
11月　ピエール・プリジャン来日。ドンクに入社

1969（昭和44）

3月　カルヴェル来日、講演会開催。同日、日清製粉よりフランスパン専用粉「リスドオル」発表
8月　日仏商事株式会社設立
セルジュ・フリボー（菓子担当）来日。ドンクに入社

フランスパン専用粉「リスドオル」はカルヴェル氏が命名。「金のゆり」の意

ドンク青山店でバゲットを焼くビゴ氏

左から藤井幸男、フィリップ・ビゴ、フランソワ・ドロネの各氏

も珍しくない。けれど作るほうはもう必死で、「ドンク東京」ならぬ「ジゴク東京」とジョークを飛ばすほどの日々……。

本格フランスパンを全国に広めたい

この熾烈な労働が続く東京を見ながら、ドンクはフランスパンをさらに全国の作り手に広めることを考えます。それがドンク・フランスパン・チェーン。加盟店にはカルヴェルのセミナーの優先案内やフランス人技術者の巡回指導など、本格的なフランスパン指導のシステムが組まれ、全国にフランスパンブームを呼び起こしました。「大手メーカーでは製品化しにくいパン」という特殊性は、各地のリテイルベーカリーに大きな魅力だったのです。

一方で、藤井はフランスからフランスパン用の機材やイーストなどを輸入するために別会社・日仏商事を起こします。

ドンクがフランスから本格的な機材を輸入できるようになった背景には、この日仏商事現社長のベルナール筒井との出会いは大きいものでした。

当時フランス領だったニューカレドニア出身のベルナールは昭和31年、早稲田大学に留学。その数年後に日本で通訳の仕事をしていたとき、藤井と出会います。以後昭和40年の見本市にかかわる機材の輸入をはじめ、日仏語の両方を巧みに操れるベルナールは藤井の欠かせないパートナーとなり、

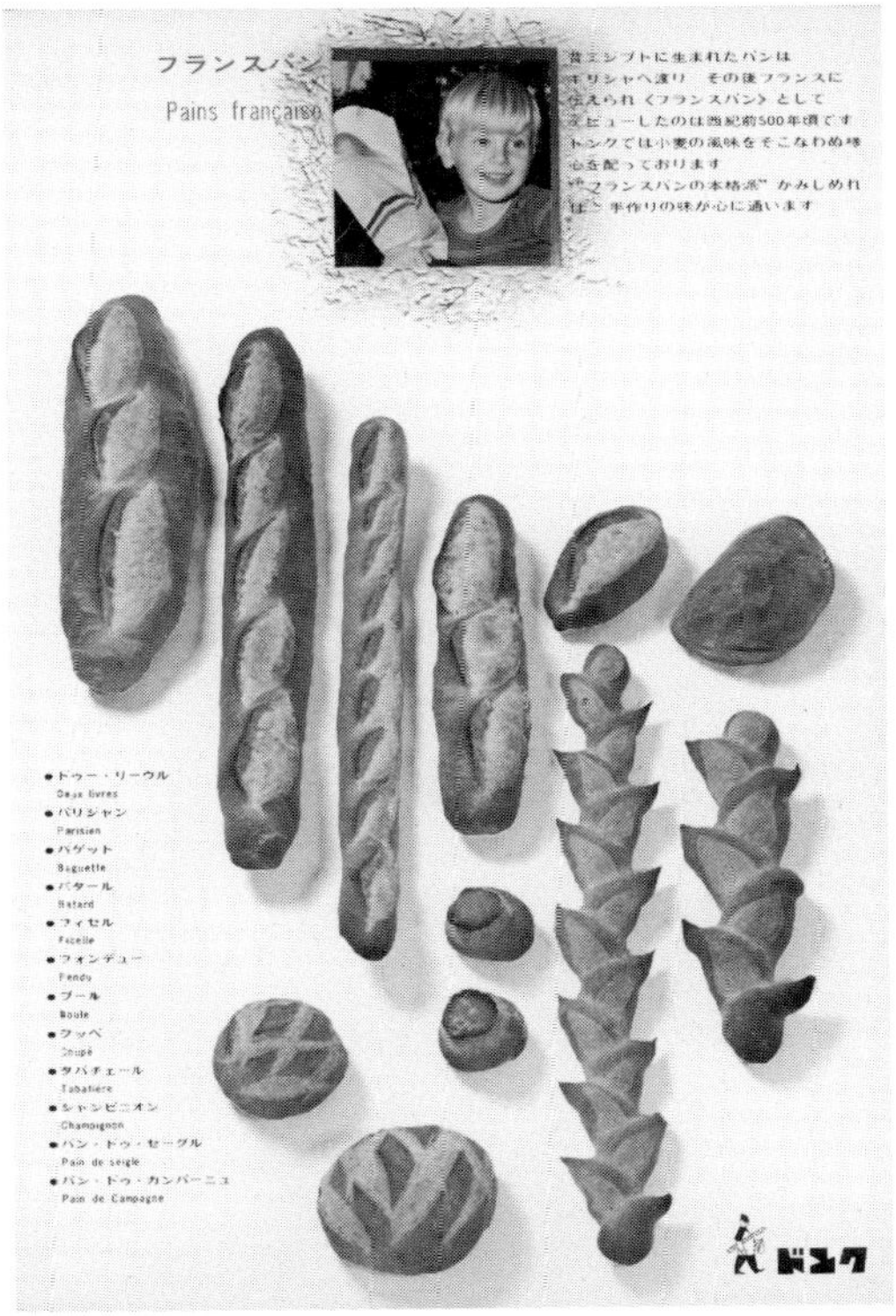

1969年当時のドンクのカタログ

1970（昭和45）

3～9月　大阪・万国博覧会のフランスパビリオンに協賛出店。1日に小麦粉700kg消費するほどの盛況ぶり。プチパン50gを6000個焼成などの記録もある

8月　「日本フランスパン友の会」（名誉会長レイモン・カルヴェル、会長阿久津正蔵、副会長木村栄一、藤井幸男）創設。カルヴェル、ウィルムとも同会設立総会に出席

カルヴェル、講習会、講演会のほか万博も視察

11月　藤井幸男、フランスの全国穀物農業共同組合より「シュヴァリエ・セルバン」を受賞。（翌年の受賞者を含め日本で4名受賞）

1971（昭和46）

1～3月　カルヴェル来日。日本フランスパン友の会の技術講習会を計10回開催

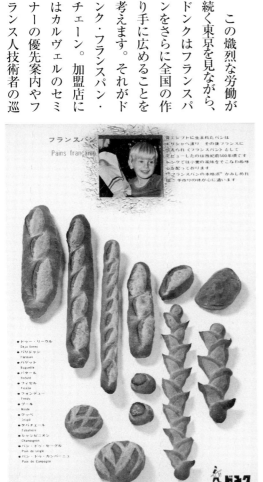

工場の落成式などには日清製粉の正田英三郎社長（当時）もたびたびお迎えしました（写真は1971年１月、藤井夫妻と共に）

1971年、前年受賞の「シュヴァリエ・セルバン」を同時受賞者とともに祝う。左から藤井、阿久津正蔵、西川多紀子、ジャン・E・モナンの各氏

当時ヒットしたテレビドラマ「だいこんの花」のスタッフにパンを進呈

カルヴェルの信頼も篤く、いまでは日本の「フランスパン」を陰で支える、欠かせない存在になっています。

　また、フランスパン用の小麦粉はその後、カルヴェルの指導でドンクの青山店で、当時来日していたピエール・プリジャンの手によってテスト焼成が繰り返されました。そして昭和44年、日清製粉から「リスドオル」が誕生。日仏商事が取り寄せるフランス産ドライイーストとともに、まさに鬼と金棒が揃ったわけです。

　こうして技術、設備、材料といった基礎を固めつつ、ドンクは直営店の展開に加え、全国の百貨店などからの出店要請を受け入れるようになり、多店舗展開への道が本格化していきます。

日本によいフランスパンが根づいた

　昭和45年、さらに日本の高度成長を象徴する「大阪万国博覧会」が開催されます。ここでもドンクはフランスパビリオンに協賛出店し、大量のフランスパンを焼いて各国パビリオンのレストランへ納入。このときの評判は、焼き立てフランスパンの美味しさに、日本でも不動の地位を与えました。

　また、同じ昭和45年には「日本フランスパン友の会」も創設されています。提唱者であり名誉会長でもある指導者カルヴェルは「本当のフランスパンを大衆化させ、永続させるには、よいパンを作りつづけなくてはならない。それには、それを気遣う人が必要」とその会の目的を言います。そして、以後、その言葉に自ら手本を示すかのようにほとんど毎年、日本に足を運び、講習会を持ち続けたのです。

1972（昭和47）

2月　ビゴ独立。芦屋に1号店オープン

3月　カルヴェル、ドンクにてビスコット、グレッサン、パン・オ・セーグル、パン・ド・カンパーニュを指導

1973（昭和48）

4月　カルヴェル来日。ビスコット、パングリエの製造指導

1974（昭和49）

7月　カルヴェル、ドンクにて、熟成種法フランスパン、ルヴァン・ナチュレールのパン・ド・カンパーニュを指導。フランスで、ルポ・オートリーズを実際に利用し始める

1975（昭和50）

8月　カルヴェル、中近東旅行の後に来日し、フランスパン（オートリーズ法）とバルバリを実演

1977（昭和52）

カルヴェル来日。オートリーズ法フランスパン、ブリオッシュ・ソシソン、パン・ド・セーグル、クロワッサン（パート・フェルメンテ法）を紹介

国家功労賞のメダル

1983年、藤井の国家功労賞と三宮本店ビルの披露パーティで祝辞を読むカルヴェル氏

カルヴェル氏の祝辞

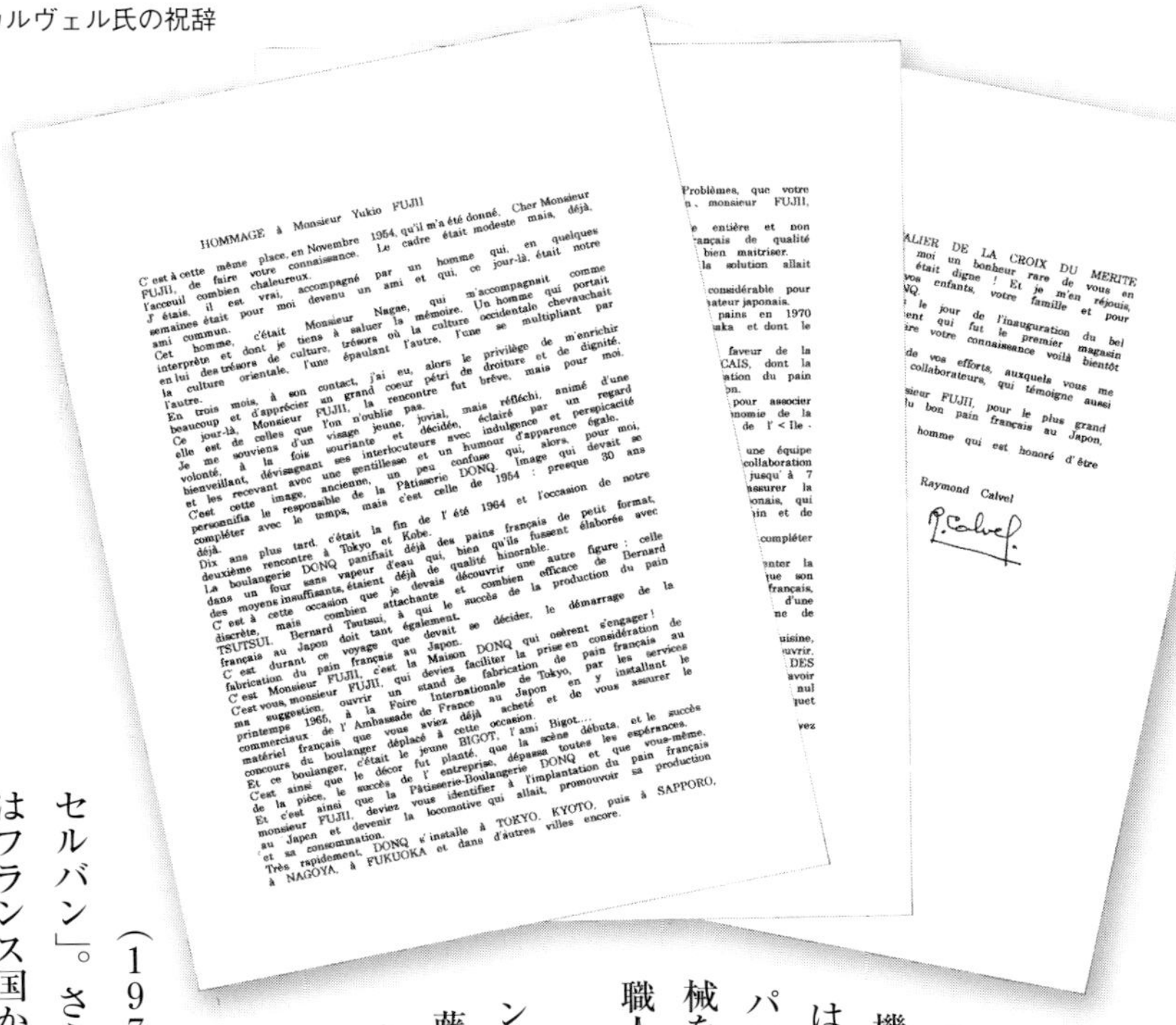

HOMMAGE à Monsieur Yukio FUJII

C' est à cette même place, en Novembre 1954, qu'il m'a été donné, Cher Monsieur FUJII, de faire votre connaissance. Le cadre était modeste mais, déjà, l'acceuil combien chaleureux.

J' étais, il est vrai, accompagné par un homme qui, en quelques semaines était pour moi devenu un ami et qui, ce jour-là, était notre ami commun.

Cet homme, c'était Monsieur Nagae, qui m'accompagnait comme interprète et dont je tiens à saluer la mémoire. Un homme qui portait en lui des trésors de culture, trésors où la culture occidentale chevauchait la culture orientale, l'une épaulant l'autre, l'une se multipliant par l'autre.

En trois mois, à son contact, j'ai eu, alors le privilège de m'enrichir beaucoup et d'apprécier un grand coeur pétri de droiture et de dignité.

Ce jour-là, Monsieur FUJII, la rencontre fut brève, mais pour moi, elle est de celles que l'on n'oublie pas.

Je me souviens d'un visage jeune, jovial, mais réfléchi, animé d'une volonté, à la fois souriante et décidée, éclairé par un regard bienveillant, dévisageant ses interlocuteurs avec indulgence et perspicacité et les recevant avec une gentillesse et un humour d'apparence égale.

C'est cette image, ancienne, un peu confuse qui, alors, pour moi, personnifia le responsible de la Pâtisserie DONQ. Image qui devait se compléter avec le temps, mais c'est celle de 1954 : presque 30 ans déjà.

Dix ans plus tard, c'était la fin de l' été 1964 et l'occasion de notre deuxième rencontre à Tokyo et Kobe.

La boulangerie DONQ panifiait déjà des pains français de petit format, dans un four sans vapeur d'eau qui, bien qu'ils fussent élaborés avec des moyens insuffisants, étaient déjà de qualité hinorable.

C' est à cette occasion que je devais découvrir une autre figure : celle discrète, mais combien attachante et combien efficace de Bernard TSUTSUI. Bernard Tsutsui, à qui le succès de la production du pain français au Japon doit tant également.

C' est durant ce voyage que devait se décider, le démarrage de la fabrication du pain français au Japon.

C' est Monsieur FUJII, c'est la Maison DONQ qui osèrent s'engager !

C'est vous, monsieur FUJII, qui deviez faciliter la prise en considération de ma suggestion, ouvrir un stand de fabrication de pain français au printemps 1965, à la Foire Internationale de Tokyo, par les services commerciaux de l' Ambassade de France au Japon en y installant le matériel français que vous aviez déjà acheté et de vous assurer le concours du boulanger déplacé à cette occasion.

Et ce boulanger, c'était le jeune BIGOT, l' ami Bigot....

C'est ainsi que le décor fut planté, que la scène débuta, et le succès de la pièce, le succès de l' entreprise, dépassa toutes les espérances.

Et c'est ainsi que la Pâtisserie-Boulangerie DONQ et que vous-même, monsieur FUJII, deviez vous identifier à l'implantation du pain français au Japon et devenir la locomotive qui allait, promouvoir sa production et sa consommation.

Très rapidement, DONQ s' installe à TOKYO, KYOTO, puis à SAPPORO, à NAGOYA, à FUKUOKA et dans d'autres villes encore.

Problèmes, que votre
n, monsieur FUJII,
e entière et non
ançais de qualité
bien maitriser.
la solution allait
considérable pour
ateur japonais.
pains en 1970
aka et dont le
faveur de la
CAIS, dont la
ation du pain
on.
pour associer
nomie de la
de l' < Ile ·
une équipe
collaboration
jusqu' à 7
assurer la
onais, qui
ain et de
compléter
enter la
que son
français,
d'une
ne de
uisine,
uvrir,
DES
avoir
nul
quet
vez

ALIER DE LA CROIX DU MERITE
moi un bonheur rare de vous en
était digne ! Et je m'en réjouis,
vos enfants, votre famille et pour
NQ.
le jour de l'inauguration du bel
ent qui fut le premier magasin
ère votre connaissance voilà bientôt
de vos efforts, auxquels vous me
collaborateurs, qui témoigne aussi
sieur FUJII, pour le plus grand
du bon pain français au Japon,
homme qui est honoré d' être

Raymond Calvel

R. Calvel

　しかしカルヴェルの講習会はこの会のみでなく、さまざまな招聘者によって多様なテーマで催されていました。詳細はここでは著しきれませんが、大きな製法の転換期などは下の年表に記しました。そして、どの来日も、パン業界を挙げての歓迎ムード。いつしか「フランスパンの神様」として日本のマスコミにも登場する人となっていきました。

　その神様カルヴェルをして、「70（昭和45）年代以降の日本には、大変よいフランスパンがある」といわしめるのは、こうした技術を真摯な態度で学び続け、身につけていった技術者たちに加え、そのパンを正しく消費者に伝えようとした販売サイド、製粉会社をはじめとする各種素材の調達を可能にした人々の努力が実を結んだ結果といえます。フランスパンに不向きとされる日本の気候も、皮には悪影響を及ぼしますが、本当の勝負は中身。その点で日本のフランスパンは優れている、とカルヴェルはさらに太鼓判を押します。

　カルヴェルはまた、日本以外の国にも足しげく通っています。北米、南米、その他中東、北アフリカ、韓国、中国。どこへ行っても彼が大事にするのは作り手の誇りです。かといって、機械化に反対しているわけではありません。機械でもよいパンはできる。ただ、その機械を担当するのに、本当によい職人が必要だと説くのです。

　一方、日本に正統派のフランス食文化を伝えたドンクの藤井幸男はこの間、フランスからいくつかの賞を授与されています。日本でのフランスパンの隆盛を支えたという理由で、まず昭和45（1970）年の「シュヴァリエ・セルバン」。さらに昭和58（1983）年にはフランス国から国家功労賞も授与されま

1978（昭和53）

カルヴェル、フランス国立製粉学校・常任教授を退官

1979（昭和54）

カルヴェル、晴海の国際見本市にてフランスパンのデモンストレーション。助手にビゴ

ドンクを訪れ、オートリーズ法フランスパン、プティパン・アンプルール（カイザーロール）、ガレット・エスタンペ、ビスコット・ジャネフ、イースト種のパン・ド・カンパーニュ、クロワッサンなどを改良・指導

1980（昭和55）

10月　カルヴェル、日本フランスパン友の会主催の製パン講習会（全国8会場）にてパン・トラディショネル、パン・ド・カンパーニュ、パン・オ・ノア、パン・ド・ミの各種をパート・フェルメンテ法で紹介。他にクグロフ、ポーニュ・ド・ロマンも

1981（昭和56）

4月　カルヴェル、ドンクにてパート・フェルメンテ法でパン・ド・ミ、パン・オ・ソン、クグロフ、パン・サンセルなどを紹介

1989年、ジェラール・ムニエ氏を迎えて技術講習会。シモン・パスクロウ（右端）、カルヴェルの各氏も同席

した。この年、ドンクの三宮本店ビルの竣工式と受賞祝の両方を兼ねてドンクを訪れたカルヴェルは、藤井幸男に次のような祝辞を送っています。（以下抜粋にて）

「藤井さんとは初めて会って数週間で友人になりました。藤井さんは内に、東洋と西洋の文化が交差しあい、互いに反映しあう文化の宝庫を持っています。さらに、自らリーダーとなってフランスパンの生産、消費の推進に努めるだけでなく、フランスの料理やワインとの結びつきにも深い理解を示されました。あなたほど、国家功労賞にふさわしい人はいません」

よいパンづくりの最大要素は「人材」

パンの歴史が民族の歴史そのものであるように、ドンクの歴史もまた、人の歴史といえます。

初めてのカルヴェルとの交流を皮きりに、ドンクで7年半勤め、日本のフランスパンの基礎を築いたフィリップ・ビゴ、続いて来日して小麦粉の開発にも協力したピエール・プリジャンをはじめ、今日まで20人を超える一流フランス人技術者たちが、カルヴェルなどの紹介で絶えることなくドンクのオーヴンの前に立ってきました。彼らは慣れない極東・日本にあって精一杯の誠意で技術者には最新の技術を、消費者には存在そのものでムードを伝えます。

そういった彼らの力に対する藤井の評価は高く、1966年（昭和41年）の記録では入社10年以上の中堅日本人が月給約9万円なのに対して、来日2年目のビゴが24才で12万円。続くフランス人技術者については推して測るべし、です。

催事や専門コーナーなど、外国人技術者はドンクの顔にもなりました。

しかし、それは決して日本人スタッフを軽んじているわけではありません。日本人は日本人で何度も本場ヨーロッパ各国での研修のチャンスを与えたり、口下手な技術者ほど目をかけたり。また国内にいてカルヴェルを顧問とした最高技術と理論を学ばせながら、身近に一流フランス人技術者を置き、現地にも派遣する。それはどんなに経済状態が厳しいときでも、藤井が本物志向の姿勢を曲げなかったからこそ続けられたことだったのです。

終始一貫「本物を作れ」という藤井幸男のもと、ドンクは時代に迎合せず、多くの

1982（昭和57）

3月　カルヴェル、モバックショウにてフランスパンを実演

1983（昭和58）

3月　カルヴェル、モバックショウにてフランスパンを実演

11月　藤井幸男がフランス国家功労賞を受賞

1985（昭和60）

カルヴェル、フランス国家への功労者に授与される「レジオン・ドヌール」受賞

カルヴェル、ドンクにてパート・フェルメンテ法フランスパン、同じ生地からパン・リュスティック、パート・フェルメンテ法クロワッサン、同じ生地からパン・ド・ミ、パン・ヴィエノワを指導

5月　ドンク、香港そごう内に出店（海外1号店としてスタート）

1986（昭和61）

2月　「カルヴェルのアミカル（親睦会）」がパリで発足

8月　ジェラール・ムニエ初来日、講習会開く

1987（昭和62）

3月　カルヴェル、日本フランスパン友の会主催の講習会にてパート・フェルメンテ法パン・ド・カンパーニュ、ブリオッシュ・リュスティック（パスティス）などを紹介

トロワグロブランドのパンをドンクが担当することになり、トロワグロ氏親子が青山店に来訪

フランスでの研修でもカルヴェル氏にたびたび師事（中央がカルヴェル夫妻）

日本人が好んだ軟らかなフランスパンとは距離を置いたドンクは、その間、個々の技術者たちが海外で得た人脈、ネットワークを財産として形成しつつ、様々な世界の伝統パンを導入できました。それも言うなれば、人材と蓄積された技術を大事にする思いがあればこそだったのです。

　さらに、よいフランスパンが日本全体で作られるようにとの願いは、パリで開かれる製菓製パン国際見本市（ユーロパン）で開かれる「クープ・デュ・モンド」というコンクールに日本選手を送り出すために、自社他社を問わずフランスパン友の会を通じて尽力をしていることでも知られています。

　ドンクという会社は今日、全国、近隣国へと店舗数を増やし、大きな組織になっています。しかし「良いパンは家業でないと作れない」という理念のもと、各店舗は小規模生産を続けています。

　ベーシック路線、手作り路線はドンクの基本姿勢であり、本当の焼き立てパン、すなわち「新鮮さ」と「温かさ」を供給し続けていくことは、まだ先の見えない今の時代にあって着実な、小回りのきく展開のできるブーランジュリーでいるための必須条件ともドンクは考えています。

　カヌレ、ミニクロワッサンとヒットを作り、ブームを巻き起こしつつも、さらに先を見て、足元も見失わない。カルヴェルの言う「物事の自然な姿や芸術的法則を尊び、製品のオリジナリティを尊ぶこと」と藤井幸男の「美しいもの、美味しいものへのこだわり」を守り続けるドンクだからこそ今日のフランスパンの隆盛が導けたといっても、過言ではありません。

　そしてこれを受け継いだ、あるいは触発された日本の技術者たちのアルティザン魂が日本のバゲットに宿る限り、よいフランスパンの根はさらに深く日本に張り巡らされ、日本人の心に訴える力を持ち続けるのです。

1988（昭和63）
カルヴェル、日本フランスパン友の会主催の講習会にてパート・フェルメンテ法の各種パンに加え、イースト種法のムーナなどを紹介。と同時に、「日本で売られているフランスパンのまがい物」の名称に意見

1994（平成6）
3月　クープ・デュ・モンドに日本が初出場。ドンクから岡田重雄が出場

1995（平成7）
1月　阪神大震災で、ドンク本社屋全壊

1996（平成8）
3月　クープ・デュ・モンド日本代表にドンクから佐藤広樹、玉木潤が出場
5月　ドンク本社屋再建

1998（平成10）
4月　「日本におけるフランス年」のイベント「フランス祭り」が東京ビッグサイト国際展示場にて開催。フランスパンの焼成・配布に人気集中。このとき、カルヴェルは、シラク大統領にパンを説明

1999（平成11）
3月　クープ・デュ・モンド日本代表としてドンクから江崎幸一が出場

2001（平成13）
株式会社ドンク設立50周年

2002（平成14）
4月　クープ・デュ・モンド日本代表でドンク菊谷尚宏出場、日本チーム優勝

2005（平成17）
8月8日　創業１００周年

2008（平成20）
3月　クープ・デュ・モンド日本代表としてドンクから西川正見が出場

2013（平成25）
3月　クープ・デュ・モンド２０１６の日本代表にドンクから瀬川洋司、茶山寿人が決定

2015（平成27）
7月　日本でサンレモのイタリア伝統菓子発売30周年。伊日食文化賞受賞
8月　創業１１０周年
フランスパン発売50周年

銀座ジョアン店
東京都中央区銀座4-6-16　銀座三越B2（〒104-8212）
tel.03-3561-6177

株式会社ドンク　会社概要
（2015年2月末現在）

会社名	株式会社ドンク
代表者	代表取締役社長　中土　忠
本社	兵庫県神戸市東灘区田中町 3丁目19-14（〒658-0081）
電話	078-441-2041（代表）
創業	明治38年（1905年）
法人設立	昭和26年（1951年）
資本金	2億円1千53万円
従業員数	約5300名 （社員・パート・アルバイトを含む）
社員平均年齢	36才
年間売上高	316億円（ドンクグループ）
事業内容	フランスパンをはじめとする各種パン、フランス菓子の製造、販売及び喫茶室、レストラン営業（パン類、菓子類、その他の割合は7：2：1）

ブランド別店舗数

ドンク	123
ミニワン	128
ジョアン	16
マリー・カトリーヌ	9
ドミニック・ジュラン	4
モワザン	1
ジャルダン・ド・フランス	1
ル・ブーランジェ・ドゥ・モンジュ	1
アール・ドゥ・パン	1
松蔵ポテト	33

ドンク三宮本店
兵庫県神戸市中央区三宮町2丁目10-19（〒650-0021）
tel.078-391-5481

ドンク岡本グルメ館
兵庫県神戸市東灘区岡本1丁目8-21（〒658-0072）
tel.078-412-4180

ドンク北白川店
京都府京都市左京区北白川山田町1-1（〒606-8272）
tel.075-701-6141

ドンク西武池袋店
東京都豊島区南池袋1丁目28-1 西武池袋本店B1F（〒171-8569）
tel.03-3980-3639

この本のパン製作者

仁瓶利夫（にへい　としお）

1947年神奈川県生まれ。
高校卒業後、工業機器関連の会社に入るが、1970年に（株）ドンクに入社。ドンク青山店フランスパン工場、静岡西武ドンクを経て銀座三越ドンクの初代店長を務める。数年後、体力の限界を理由に一旦は退職を決意するものの、藤井会長の説得でとどまる。1983年の初めての海外研修をきっかけに、フランス人技術者のパンを通じて自分のパン作りの方向性をみいだす。このあと、フランスの配合をグラム単位まで正確に日本に持ちこんだ功績は大きい。近著に「ドンク仁瓶利夫と考える　Bon Painへの道」がある。少林寺拳法二段。自転車のほか、日本酒、ワイン、チーズなどの発酵食品への興味も旺盛。

佐藤広樹（さとう　ひろき）

1965年北海道生まれ。独立を夢見て大手パンメーカーを経て、1987年㈱ドンクに入社。首都圏のインストアベーカリーを経験。本場のパンを見たい一心で1996年、フランスでの「クープ・デュ・モンド」に日本代表選手として出場。チームリーダーを務め総合4位。その後、目標を失いながら店長職を経験し、社内で品質の一番を目指し日々自信のあるパンを売る喜びを覚える。カリフォルニアレーズンコンテスト、saf製パンコンテスト受賞後、2006年に独自企画による半年間のヨーロッパ研修を社内にて実現。短期出張では得られない数々を学ぶ。ジムやトレイルランニングにて体力づくりに勤しむ。

江崎幸一（えざき　こういち）

1950年熊本県生まれ。1969年に（株）ドンク入社。神戸工場勤務。パティシエを希望するが製パンに配属され、1985年、海外1号店のドンク香港製パンチーフとして赴任。翌年帰国後、浜松、京都を経て現在、神戸本社技術部に所属。1999年、フランスでの「クープ・デュ・モンド」に日本代表選手の一人として出場。チームリーダーを務め、総合3位。細かい手仕事が得意で、飾りパンの技術はドンク社内でもトップクラス。パンもハード系から菓子パン系まで広範囲にこなす。趣味は球技で、小球から大球はボーリングまで守備範囲は広い。2007年、黄綬勲章受賞。

菊谷尚宏（きくや　なおひろ）

1962年愛知県生まれ。しばらく人生の方向性に迷って職を転々とし、たまたま新聞の求人広告を見てドンクに入社。当初は戸惑うことが多かったが、仕事に慣れるに従い探究心も出始め、それが面白さに繋がっていき、「クープ・デュ・モンド」の存在も知ることになる。社内で国内予選の参加が認められ、日本代表となり、2002年、日本の初優勝という快挙を成し遂げる。その後も、2005年saf製パンコンテスト、2009年ワイルドブルーベリーレシピコンテストなどで受賞。フランス・アルザスにある「アール・ドゥ・パン」での修行を通して学んだMOFのブーランジェ、リシャール・ドルフェール氏の技術やスペシャリテを日本に紹介するなど、常に職人としてのレベルアップを心がけている。

岡田重雄（おかだ　しげお）

1953年石川県生まれ。ドンクのアルチザンの中でも珍しく料理系の専門学校出身。授業で日本料理や洋食などいろいろな調理体験をしているうちにパンに出会い、一番のめりこむことができたこの道に進むことを決心する。入社後は、セントラル工場のフランスパンラインを長く担当。1994年フランスで開催された「クープ・デュ・モンド」に、日本代表選手の一人として出場。日本チームとしては初出場で、情報が少なかったにも関わらず、総合3位に入賞した。単身赴任先の神戸や名古屋、技術指導などで訪れる全国各地で、その街その街の美味しいものを見つけ、楽しく飲むのが趣味。

シモン・パスクロウ

1954年フランス・ヴァンデ県生まれ。実家の隣にあったパン屋を幼いときから見て育ち、8才でこの道に入ることを決心。15才で職人になり18才で職業適格証（C.A.P）取得。コンパニオンの資格も有す。1985年にフランス国立製粉学校に採用され、レイモン・カルヴェル教授の弟子となる。パリのムニエ氏の店で勤務の後、1990年来日して㈱ドンクに入社。趣味はスポーツ（泳ぐ、走る）と音楽鑑賞（バロック音楽）。

20世紀、人々は旨いパンを作り、失い、
再び取り戻そうと努力した時代でした。
世の中が変化しても、頑なにレイモン・カルヴェル氏の
教えと、多くの外国人技術者たちから学んだ
伝統的技術を守り、質の高いフランスパンを
作り続ける全国のドンクの技術者たち。
変化する時代に対応することも、やはり技術力です。
良い物は残し、新しい技法を生み出す力。
パンを通じたグローバルな理念の継承は、
21世紀も続いていきます。

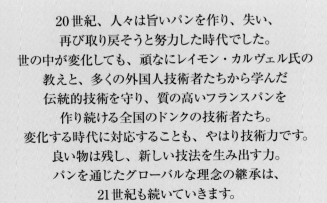

本書は、旭屋出版「フランスパン・世界のパン　本格製パン技術　ドンクが教える本格派
フランスパンと世界のパン作り」（2001年刊）の文言を精査し、
さらに新しく12アイテムを追加撮影して再編集構成、改題したものです。

以下の方々に撮影、写真、資料および編集製作
などでたいへんお世話になりました。

Special thanks to :
日仏商事株式会社（研究開発部技術センター）
日清製粉株式会社（製粉開発部）
株式会社パンニュース社
古中利行
山下　勉
明石克彦（有限会社ブロートハイム）
ユベール・シロン HUBERT CHIRON
レイモン・カルヴェル REYMOND CALVEL

（敬称略、順不同）

本書内で使用・紹介したもののお問い合わせ先

●ドライイースト、インスタントドライイースト、
ユーロモルトおよびP.15～16の道具、機器類
について

日仏商事株式会社
本　社　兵庫県神戸市中央区御幸通 5-2-7
tel 078-265-5885（代）
fax 078-265-5888
東京事業所　東京都渋谷区渋谷 1-20-27
食品部 tel 03-5778-2481
fax 03-5778-2482
機械部 tel 03-5778-2488
fax 03-5778-2489

●粉類

日清製粉株式会社
研究開発本部　東京都中央区日本橋小網町 19-12
tel 03-5641-8045
fax 03-5641-8816

企　画	有限会社たまご社
編　集	松成容子
編集協力	包編集室　嶋岡尚子
写真協力	仁瓶利夫
撮　影	青山紀子
	山本明義
アートディレクション	株式会社フロス
レイアウト	関根利雄
	吉野晶子

ドンクが教える
フランスパン 世界のパン 本格製パン技術　増補版

初版発行日　2015年12月21日

著　者　ブーランジュリー　フランセーズ　ドンク
発行人　早嶋　茂
制作者　永瀬正人
発行所　株式会社　旭屋出版
〒107-0052 東京都港区赤坂 1-7-19 キャピタル赤坂ビル 8 階
電話：03-3560-9065（販売）
03-3560-9066（編集）
Fax：03-3560-9071（販売）
郵便振替：00150-1-19572
ホームページ http://www.asahiya-jp.com

印刷・整本 凸版印刷株式会社

ISBN978-4-7511-1172-7